改訂新版

大谷派本願寺

伝統行事

裏話と風物詩

川島眞量 著・川嶋 正 編

法藏館

改訂新版の刊行にあたって

このたび祖父川島眞量が昭和五十一年に刊行いたしました『大谷派本願寺　傳統行事』を改訂し、刊行させて頂きました。

私自身初版本の事はすっかり失念しておりましたが、数年前たまたま自坊の本棚で見つけ改めて読み返してみると、刊行からすでに四十数年、眞量没三十五年経ち、現在廃止されたり変更されている事例が数多くあります。貴重な資料として是非とも再版したいと考えておりましたところ、法藏館から有難く刊行のお声掛けを頂きました。

初版本の内容につきましては、眞量が五十年以上にわたり本山の荘厳、法要次第等を日記に記録して自坊に保存しておりました。この日記を基に執筆したものです。

今回の刊行にあたっては、レイアウトや漢字遣い、送り仮名を変えたり、一部表現を変えて理解しやすく努めたつもりです。

往年を偲ぶ記録として、一助になれば幸甚です。また記憶や記録の間違いにより誤った内容が記されている場合は何卒ご指摘ください。

なお本書記載の行事、名称等は眞量が執筆した昭和四十八年（宗祖御誕生八百年、立教開宗七百五十年の歳）当時の事例とご理解ください。

末筆ながら今回の刊行にあたり、法藏館西村明高社長はじめ、編集部御一同様にご尽力賜り、厚く御礼申しあげます。

合掌

平成三十年十月

法寿寺現董　川嶋　正　拝

序

大谷派本願寺本山の伝統行事については、一般の人は勿論、当派の門信徒より派内一般の寺院住職僧分の人まで、だいたい盆、正月、報恩講等には、それぞれの勤行があり、いろいろの行事のあることだけは知られていても、その行事や勤行の正確なる詳細に至っては、殆んど承知している人は少ない。このことは両堂奉仕者は当然関知していても、近く山内に勤務する宗務役員ですら、持場が違えばあまりにも知る人の少ないのには驚かされる程である。

そこで、これら本山の年中行事や勤行を、派内の僧分の方を始め一般門信徒の方々にも、正確に知ってもらうことを第一とし、次には本山に古来より伝承された行事も、時代と共に、殊に過る大戦当時の甚しい物資の欠乏により、やむなく中止され現在まだそのままで、殆んど中絶という状態になっている行事については、是非復興を希求するものであるが、その際、往時は斯うであったという、記録保全のため、筆を採ったのがこの書である。

また筆者は大正七年、本山堂衆として両堂に奉仕して以来、現在まで勤続五十余年、その間、まだ一般の人にはあまり知られていない各行事の裏話や風物詩を紹介することも、あながち無益でないと考え自分が親しく関与し、体験した事象をそのまま書き加えた。これらも亦、時代と共に変遷されることと思うが、往時を偲ぶ一助ともなれば幸甚である。なお記憶の誤りもあらば、大方諸賢の是正を希う次第である。

本書記載の年中行事、法要次第等は凡そ昭和四十七、八年度現在を以て誌した。

昭和四十八年一月宗祖御生誕八百年、立教開宗七百五十年の歳

川島眞量　誌

改訂新版　大谷派本願寺　伝統行事——裏話と風物詩——＊目次

五、夏中の法要と行事

六、御正忌報恩講行事

七、歳末行事

八、特修法要

九、附　録

改訂新版

大谷派本願寺　伝統行事

――裏話と風物詩――

一、毎月行事

1 尊供《そんぐ》

正月元旦を除き、毎月朔日《ついたち》の晨朝には、大師堂の祖師前のみ「尊供」が備えられた。尊供とは華束《けそく》に盛るような、およそ五センチメートルの白餅に中央を少しへこませ、その上に塩味の小豆餡少量を載せたもので、これを十数個祖師前の御仏器に盛って備える。これは正月の粥柱《かゆばしら》（本書七八〜七九頁）と同様晨朝の勤行前に備え、勤行過ぎに常の御影供《ごえいく》（仏飯）と備え替える。そしてお下がりは、小切りにして当日晨朝に出仕した者だけに配分され、その場ですぐ頂戴する習わしであった。

この習わしは、終戦後の物資欠乏とともに中止されている。西本願寺では「御祝《ごしゅく》奠《でん》」と称して、同様の行事が今もあるということである。

2 毎日晨朝《まいにちじんじょう》

荘厳　両堂立燭なし。両堂本間総灯、六祖の間および双幅の間は御命日のみ双灯。
平日は片灯。

装束　直綴・青袈裟。外陣―直綴・墨袈裟。

本　堂	漢音阿弥陀経―舌々　短念仏　回向―我世彼尊功徳事
大師堂	
平　日	正信偈―舌々　念仏讃―淘二　和讃―回り口六首 回向―願以此功徳　百遍念仏　御文―回り口
御命日	正信偈―中拍子　念仏讃―淘五三　和讃―回り口六首 五遍反　回向―願以此功徳　百遍念仏　御文―回り口

従来は前記の通り勤まっていたが、昭和三十七年頃より法要中を除き、平日は大師堂の晨朝が一般参詣者とともに勤める同朋唱和《どうぼうしょうわ》となったため、当今は正信偈草四句目下、念仏讃回り口六首淘三《ゆりさん》で勤められ、後述の長《なが》、短《みじか》（平日と御命日の勤行や灯火）は区別がなくなっている。

◆百遍念仏

◯ナマタフ　　　　　　（◯は調声）
ナマタフ　ナマタフ
◯ナマタフ
ナマタフ　同　九遍
◯ナマ　タ
ナムアミタ
ナムアミタ
ナムアミ

毎日の晨朝における大師堂勤行の最後に、回向総礼に引き続き、この短念仏が称えられる。これは「百遍念仏《ひゃっぺんねんぶつ》」と称して古くから行われていたもので、その由来については諸説あるが、本山外護の一般に対する報恩の追憶の念仏と解釈すべきと思われる。

この念仏は古くは名称の通り、およそ百遍、その後はおよそ三十遍称えられていたようだが、昭和の中頃までは、御当門御調声《ちょうしょう》の時は二度目調声後の中間念仏は十遍、連枝方《れんしがた》調声の時は九遍、五箇寺衆《ごかじしゅう》召請の時は八遍という定めであった。現在は調声人の誰を問わず、中間の念仏は毎時十遍と改正された。

この念仏は毎日の晨朝において各法要期間中といえども必ず勤められる。

◈反し念仏

勤行が和讃六首引の時、結讃《けっさん》の終わった後、回向文の前に再び三重念仏を繰り返すことで、この念仏を五度にて止めることを「五遍反《ごへんかえし》」、七度にて止めることを「七遍《ななへん》反《かえし》」という。

本山において従来は、五三淘《ごさんゆり》より十二淘《じゅうにゆり》まで、すべて七遍反であったが、大正十二年以降、五三淘以上八淘《やつゆり》までは五遍反、十淘《とゆり》以上は七遍反ということに改正された。

◆長と短

「長《なが》」とは御歴代の御命日にて、正信偈中拍子、念仏讃淘五三のことで、双幅の間（列祖御影《ごえい》合幅）は双灯。「短《みじか》」とはまったくの平日で、正信偈舌々、念仏讃淘二《ゆりに》のことで、双幅の間は片灯のことをいう。

古来、「上二四五、中一二三四八九、下二四五九、二十日ばかりは片灯の長」という暗誦が伝えられ、よく声明本の末尾などに記されてある。これは御歴代の御命日を、上旬・中旬・下旬にわたり覚える符牒《ふちょう》であって、当今は更に上旬に八日（現如上人《げんにょしょうにん》）、中旬に十五日（厳如上人《ごんにょ》）が加えられる。

それで御歴代の御命日は双幅の御影の内、左右いずれかに該当の御影が収められてあるから、双幅の間を双灯にして、勤行を長とすることは必定である。しかし、二十日のみは、片灯の長というのは歴代何方の御命日にも相当しないから双幅の間は片灯にして、しかも勤行だけ長にするということを指すのである。

これは二十日が円如《えんにょ》様の御命日によるもので、円如様は新門様にて御逝去のため、御歴代に入らないが、『御文』御編集の功により勤行のみ御命日並みとしたものと伝えられている。これも当今は廃されて行われていない。

3 両度御命日《りょうどごめいにち》

【宗祖聖人御命日】

荘厳 二十七日の晨朝後、内陣総清掃油掃除、両堂御花総立替、打敷華束なし。
二十七日、本堂中尊前と大師堂御真影の御払い（十一月、十二月なし）。

装束 逮夜（二十七日）色直綴・五条袈裟。
晨朝（二十八日）直綴・五条袈裟。外陣―直綴・墨袈裟・中啓・長房。
日中（二十八日）裳附・五条袈裟。登段者―指貫依用。

逮夜（二十七日）
御真影前、立燭焼香
大師堂 正信偈―真四句目下　念仏讃―淘八　和讃―回り口六首

回向―我世彼尊功徳事　御文―聖人一流（一臈または二臈拝読）

晨朝（二十八日）

本堂のみ両鶴立燭焼香

本　堂　漢音阿弥陀経―真読　短念仏　回向―我世彼尊功徳事

大師堂　正信偈―真読　念仏讃―淘八　和讃―回り口六首　回向―世尊我一心

御文―鸞聖人（一臈または二臈拝読）

晨朝過ぎ、大師堂御真影前に大仏供奉備

日中（二十八日）

御真影前、立燭焼香

大師堂　伽陀―五章　登高座―式嘆徳文　文類偈―草四句目下

念仏讃―淘八　和讃―回り口三首　回向―願以此功徳

※ただし和讃は一月二十七日、二十八日の初御命日に限り、

弥陀成仏より次第六首にて三座順次勤める。

【前住上人（彰如上人）御命日】

荘厳 宗祖聖人御命日と同等。

装束 逮夜（五日）直綴・五条袈裟。
晨朝（六日）直綴・五条袈裟。外陣―直綴・墨袈裟・中啓・長房。
日中（六日）直綴・五条袈裟。ただし一月初御命日は色直綴・五条袈裟。

逮夜（五日）
御真影前、前住上人御影前、立燭焼香
大師堂 正信偈―真四句目下 念仏讃―淘八 和讃―回り口六首
回向―我世彼尊功徳事 御文―末代無智（一臈または二臈拝読）

晨朝（六日）
本堂のみ両鶴立燭焼香
本 堂 漢音阿弥陀経―真読 短念仏 回向―我世彼尊功徳事

大師堂　正信偈—真読　念仏讃—淘八　和讃—回り口六首
回向—世尊我一心　御文—毎月両度（一藺または二藺拝読）

日中（六日）
御真影前、前住上人御影前、立燭焼香
大師堂　文類偈—真四句目下　念仏讃—淘八　和讃—回り口六首
回向—願以此功徳

両度御命日は前記の通りおよそ同格の勤行であるが、装束において前住上人の御命日はやや軽くなっている。

◆大仏供

本山では例月の両度御命日、御正忌、修正会、その他大法要の時には、大師堂の御《ご》真影前《しんねいまえ》に大形の御影供《ごえいく》が奉備される。平常の小仏供《しょうぶつく》、軽い法要の時の中仏供《ちゅうぶつく》は、祖師前の前卓の中央、香盤の上、金香炉の向こうに備えられるが、この大仏供《だいぶっく》は須弥壇の正面、階の上、お浄壇《きよだん》の上に「月形香盤《つきがたこうばん》」を置いて、その上に備えられる。これは晨朝勤行後に御当門自身がお備えになる。御当門にご支障がある場合は御連枝《ごれんし》が代行される。

この祖師前の大仏供は、なにしろ白米五升炊き分という大形で、御仏器に盛りお鉢(木の角形箱)に入れると一人で持ち上げるのが精一杯という重量なので、堂衆《どうしゅう》が後堂《ごどう》より内陣に運び須弥壇の階を登り正面に据えると、御当門はその脇に座されて御仏器を持ち上げ香盤の上に奉備される。お控えも御当門がされる。

ちなみに当派では御仏供は兼日中《けんにっちゅう》(晨朝兼日中)の場合のほか、すべて晨朝勤行後に備え、正午にお控えすることが定められているが、幾昼夜にもわたる大法要の際には「備替《そなえかえ》」と称して関係御影前だけは、昼夜備えたままにて、毎晨朝勤行後、新しいものと備え替え、御満座の日中法要後にお控えすることになっている。

◆御払い

毎月二十七日の晨朝勤行後には、両堂御尊の御払《おはら》いがある。まず、本堂は外陣の金《きん》障子《しょうじ》を閉じ、当直の定衆《じょうしゅう》一名が須弥壇上に上がって、御本尊の御身払いを奉仕する。十二月十九日の歳末の御煤払いの時には「大払《おおはら》い」といい、御当門以下御連枝方、定衆、堂衆が総出仕して大儀な御払いが行われる。

毎月の御払いは、大師堂ではまず外陣の金障子を閉じ、須弥壇上に燭台を出し、御戸を開扉し、定衆数名が出仕して、まず袷の白絹、巻箒《まきほうき》にて御戸の周辺、御錠を拭い、次に大判の美濃紙二枚と紙紐にて、御真影の御数珠の房を包む。次に御当門（または御代理連枝）が御昇壇され、第一に大御座箒にて、御厨子《おずし》内の御畳周辺を御払いされ、次に黒長の御身箒と小の白羽箒にて、御真影の御体を払い、更に白絹にて御所持の御数珠を拭い、次に御首払《みくしばら》いとして赤の小箒にて御頭部を払い、最後に御覆面として、白羽二重の大絹をもって御影全体を覆い、その後、再度大御座箒にて御畳周辺の払拭いがあって終わる。

御払い終わって須弥壇および階の掃除、内陣の総掃除油掃除等がなされる。

この御払いは例月二十七日のほか、歳末の「御煤払《おすすはら》い」、および毎年御正忌報恩講、その他幾昼夜にもわたる大法要の際には、その初逮夜の午前、および御満座直後の「荘厳払《しょうごんはら》い」の際の二回行われることになっている。

◆上意の御文

本山にては、両度の御命日における逮夜の御文拝読と法談は、従前より上意《じょうい》となっていた。すなわち宗祖聖人御命日の逮夜二十七日と、前住上人の逮夜五日の御文拝読と法談は、御当門の直命により堂衆の一臈《いちろう》、二臈《にろう》が勤仕することになっていた。これには一臈、二臈の両人は、逮夜勤行の念仏讃の三重まで外陣に出仕し、三重念仏の御調声《ちょうしょう》が終わると中座《ちゅうざ》退出し、後堂の後門段下に両名が北面して並び着座し待機する。そして勤行が終わって御当門が御退出の時、後門の段下にて、その日の御文拝読をする方を「顕称」あるいは「秀悟」と名を呼んで、直々に下命される。それで受命の一臈または二臈は、直ちに切戸口に回り出仕して、その逮夜の法談と御文拝読を勤めるのである。「顕称」あるいは「秀悟」と呼ばれるのは明治維新前、僧分はすべて姓を付けず何々寺または何々坊、何々と寺号または坊号と名のみを称したのに起因するものと思われる。

これはまったく御当門のその時の思し召しで下命されるもので、連続して同一人に下命されることもあり、一﨟、二﨟交番のこともあり定まっていないので、毎時その準備心算をしていないと間に合わない。このことも諸種の事情により昭和三十年頃より、取り止めとなっている。

当今は、彼岸会、御正忌報恩講、その他大法要の御文拝読および法談はすべて、上意という形式であるが、これらは期日前にあらかじめ人名を奉書紙に記して内事《ないじ》より伝達される慣例であって、前記のように御当門より口頭で直接本人に下命されるのは異例のことである。

ちなみに、本山堂衆に任命され、初めて御堂において御文を拝読するには、なかなか厳重な手続きがあり「聞き法談」と称して内々の試験のようなものがある。まず初めての出勤者はおよそ半年ほどの間、御文拝読の仕方や法談の仕方、それに付随した作法等を先輩について修練し、大体習熟したところで、改めて香部屋において一﨟以下同列の堂衆全員列座の前で、御堂においてするのと同じ作法で法談および御文拝読をして見せる。これを「聞き法談」と称した。そして同列一同の批評と指導を受けた後、初めて式務部より御文拝読の手続きをして、許可されることになっている。

4　前裏方御命日《ぜんうらかたごめいにち》

荘厳　前裏方尊徳院殿の御院号法名は大師堂本間の北脇、前住上人御影の向かって右袖に奉懸されている。荘厳は平常通り。

装束　逮夜・晨朝ともに直綴・青袈裟。外陣─直綴・墨袈裟。ただし、白服。

逮夜（十一日）
大師堂　正信偈─草四句目下　念仏讃─淘五三　和讃─回り口六首
回向─世尊我一心

晨朝兼日中（十二日）
本　堂　漢音阿弥陀経舌々　短念仏　回向─我世彼尊功徳事
大師堂　正信偈─草四句目下　念仏讃─淘五三　和讃─回り口六首
回向─願以此功徳

5 蓮如上人御命日《れんにょしょうにんごめいにち》

荘厳　平常通り。
装束　逮夜・晨朝ともに直綴・青袈裟。外陣―直綴・墨袈裟。ただし、白服。

逮夜（二十四日）
御真影前と蓮如上人御影前、立燭のみ
大師堂　正信偈―草四句目下　念仏讃―淘五　和讃―回り口六首
回向―世尊我一心
晨朝兼日中（二十五日）
本　堂　漢音阿弥陀経舌々　短念仏　回向―我世彼尊功徳事
御真影前と蓮如上人御影前、立燭のみ
大師堂　正信偈―草四句目下　念仏讃―淘五　和讃―回り口六首

回向—願以此功徳

6　太子《たいし》・七高僧御《ひちこうそうご》命日《めいにち》

太子　二十二日　早引勤行
龍樹　十八日
天親　三日
曇鸞　七日
道綽　二十七日　早引勤行
善導　二十七日　早引勤行
源信　十日
源空　二十五日　早引勤行

本山では太子御影は、本堂の本間の北側（向かって右）に、元祖源空法然上人の御影は、同南側（向かって左）に奉懸《ほうけん》され、龍樹より源信までの六祖は、南余間に奉懸されてあるから、この余間を「六祖の間」と称している。

古来、この太子、七祖の御命日を覚えるのに、「龍天十八三日、曇七日、源信十日、後は二五七」と暗誦されている。「後は」とは下旬のことで、二十二日の太子、二十五日の元祖、二十七日の道綽・善導両師の御命日を指す。

そしてそれぞれの御命日には、太子前、元祖前、六祖の間を双灯にして御命日該当の御影前に御影供《ごえいく》を備える。それについて、六祖の御影は向かって右より左へ順次並べ懸けられてあるが、御影の姿を見て間違いなく御影供を備えるため、次のような暗誦が伝えられている。

「龍華、天如意、曇払子《ほっす》、手組み道綽、赤衣善導、曲禄源信、数珠法然」。

◆早引勤行

前記のごとく二十二日（太子）、二十五日（源空）、二十七日（道綽・善導）の本堂晨朝において漢音阿弥陀経に引き次ぎ、「お早引《はやびき》」と称する変わった勤行がある。

二十二日と二十五日は漢音阿弥陀経勤行後、その座のままにて引き次ぎ、

嘆仏偈　念仏　和讃　短念仏　回向―願以此功徳

※二十二日和讃　聖徳皇太子和讃十一首全部
※二十五日和讃　源空上人和讃始めより十首
二十七日は漢音阿弥陀経勤行後、六祖の間に転座して、
勧衆偈　念仏　和讃　短念仏留
※和讃　道綽和讃七首全部、引き次ぎ、善導和讃始めより十首

となる。お早引というのは普通の三首引や六首引のように念仏に和讃を一首ずつ挟まないで、始めに念仏を七遍称え、後は和讃ばかりを連続して勤める。近年は「同朋奉讃《どうほうほうさん》　第二様式」として、節譜《せっぷ》を簡略にしてこの形式が採用されている。従来は「太子講式《たいしこうしき》」「知恩講式《ちおんこうしき》」「両師講式《りょうしこうしき》」として勤められたのが、後年このような早引形式の勤行に改められた。

また六祖の間の勤行は、「網敷《あみじき》」と称して両門主の御座を御影前に斜め向かい合わせに設け、入内陣衆《にゅうないじんしゅう》は両門主御座の後方に半円形をつくり、両端を首座に着座する。

六祖の間 網敷

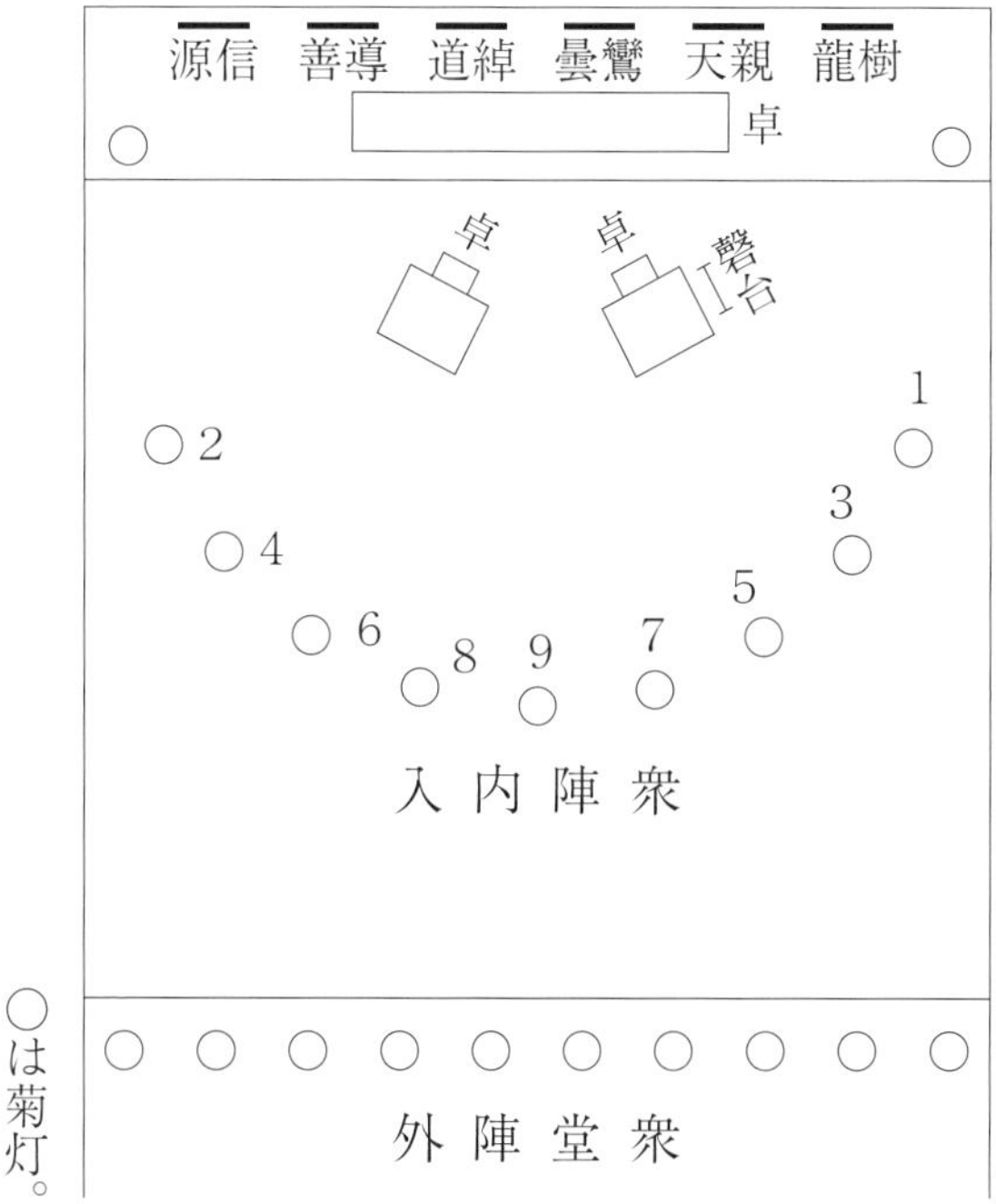

二、各御祥月行事

1 法然上人御祥月《ほうねんしょうにんごしょうつき》

荘厳　一月二十四日の晨朝後、本堂の法然上人御影前のみ御花立替、華束一具奉備。
逮夜と日中前、内陣経卓の巻経を取り除き、三帖和讃と取り替え。
法然上人御影前打敷―緋塩瀬地縁萌黄白糸抱牡丹紋金糸乱檜垣縫

装束　直綴・青袈裟。外陣―直綴・墨袈裟。

逮夜（一月二十四日）本堂
中尊前、法然上人御影前、立燭焼香
文類偈―行四句目下　念仏讃―淘五
和讃―本師源空世ニイデテ　次第六首　回向―世尊我一心

晨朝（一月二十五日）本堂
漢音阿弥陀経―中読　短念仏　回向―我世彼尊功徳事

（例月のお早引なし）

日中（一月二十五日）本堂

中尊前、法然上人御影前、立燭焼香
文類偈―行四句目下　念仏讃―淘五
和讃―源空存在セシトキニ　次第十四首　回向―願以此功徳
※日中の和讃十四首の勤め方は、初重と二重は各一首ずつを添和讃とし、三重は二首ずつを添和讃として勤める。

日中和讃十四首
第一首（初重）源空存在セシトキニ　添　世俗ノ
第二首　源空勢至ト示現シ　添　本師
第三首（二重）諸仏方便トキイタリ　添　カタキガ
第四首　源空光明ハナタシメ　添　本師
第五首（三重）源空ミズカラノタマワク　添　念仏　添　本師

第六首

本師源空ノオワリニハ　添　卿上　添　建暦

2　聖徳太子御祥月《しょうとくたいしごしょうつき》

荘厳　二月二十一日晨朝後、太子常の御影を奉巻、宝蔵に収納の古き御影（俗に「絵抜けの太子」という）を奉懸。御影前のみ御花立替、華束一具奉備。逮夜日中前、内陣経卓の巻経を取り除き、三帖和讃と取り替え。太子御影前打敷―緋塩瀬地金糸籠目紅白牡丹折枝縫

装束　直綴・青袈裟。外陣―直綴・墨袈裟。

逮夜（二月二十一日）本堂
中尊前、太子御影前、立燭焼香
文類偈―行四句目下　念仏讃―淘五
和讃―仏智不思議ノ誓願ヲ　次第五首　回向―世尊我一心

晨朝（二月二十二日）本堂

漢音阿弥陀経—中読　短念仏　回向—我世彼尊功徳事

（例月のお早引なし）

日中（二月二十二日）本堂

中尊前、太子御影前、立燭焼香

文類偈—行四句目下　念仏讃—淘五

和讃—大慈救世聖徳皇　次第六首　回向—願以此功徳

※逮夜の和讃五首引は三重を一首にて終わる。日中の六首引は第六首目を平常は添和讃で勤めるところを、句頭より一首として勤める。

3　前住上人御祥月《ぜんじゅうしょうにんごしょうつき》

荘厳　二月五日晨朝後、両堂御花立替、杉形華束一具奉備。

本堂打敷　上卓─紺地錦扇丸

前卓─緋塩瀬地白糸輪宝金糸天人唐艸縫

水引─紫地金襴

大師堂打敷　御真影前─樺色繻子白牡丹折枝縫

水引─紫堅地縁金白小葵模様

御影前─緋塩瀬地散雲散蓮華楽器縫

装束　逮夜（五日）色直綴・五条袈裟。

晨朝（六日）直綴・五条袈裟。

日中（六日）裳附・五条袈裟。

逮夜（二月五日）大師堂

御真影前、前住上人御影前、立燭焼香

正信偈―句切　念仏讃―淘十　和讃―回り口六首　回向―我世彼尊功徳事

御文―末代無智

晨朝（二月六日）本堂

中尊前、立燭焼香

漢音阿弥陀経―真読　短念仏　回向―我世彼尊功徳事

晨朝（二月六日）大師堂

正信偈―真読　念仏讃―淘十　和讃―回り口六首　回向―世尊我一心

御文―毎月両度

晨朝過ぎ、大仏供奉備

日中（二月六日）大師堂

御真影前、前住上人御影前、立燭焼香

文類偈―句切　念仏讃―淘十　和讃―回り口六首　回向―願以此功徳

4　前御裏方御祥月《ぜんおうらかたごしょうつき》

荘厳　三月十一日正午過ぎ、大師堂双幅の間の御影を十字の間に奉移、御跡に遵徳院殿御似影を奉懸。御似影前のみ打敷、御花立替、華束一具奉備。

装束　三座とも直綴・青袈裟。外陣―直綴・墨袈裟。

逮夜（三月十一日）大師堂
御真影前御、似影前、立燭焼香
正信偈―行四句目下　念仏讃―淘五　和讃―回り口六首
回向―我世彼尊功徳事
晨朝（三月十二日）大師堂
正信偈―中拍子　念仏讃―淘五　和讃―回り口六首
回向―世尊我一心

日中（三月十二日）大師堂

御真影前、御似影前、立燭焼香

正信偈─行四句目下　念仏讃─淘五　和讃─回り口六首

回向─願以此功徳

5 蓮如上人御祥月《れんにょしょうにんごしょうつき》

荘厳　三月二十四日正午過ぎ、大師堂の双幅の御影を十字名号の両脇に奉移、蓮如上人御影を双幅の間、正中に奉懸、御影前のみ打敷。御花立替、杉形華束一具奉備。

御影前打敷―緋塩瀬地白三羽鶴之縫

装束　三座とも直綴・青袈裟。外陣―直綴・墨袈裟。

逮夜（三月二十四日）大師堂

御真影前、蓮如上人御影前、立燭焼香　南へ転座

正信偈―行四句目下　念仏讃―淘八　和讃―回り口六首

回向―我世彼尊功徳事

晨朝（三月二十五日）大師堂

正信偈―中拍子　念仏讃―淘八　和讃―回り口六首
回向―世尊我一心

日中（三月二十五日）大師堂

御真影前、蓮如上人御影前、立燭焼香　南へ転座
正信偈―行四句目下　念仏讃―淘八　和讃―回り口六首
回向―願以此功徳

当派山科別院でも「蓮如忌《れんにょき》」と称され、例年御当門の御参向があって、二十四日、二十五日の両日、盛大に勤まることになっている。またこの時には西本願寺より御門主の御代香《ごだいこう》が御参拝される。そして別院よりほど近い蓮如上人の御廟所（東西本願寺の共有管理）へ御当門の御廟参拝がある。

西本願寺山科別院では、「蓮如上人の御自刻」といわれている御木像を奉安されている中宗堂《ちゅうそどう》があり、毎年四月十三、十四日に御門主の御導師で「中宗会《ちゅうそえ》」が勤まり、

その時にはまた当派より御当門の御代香が派遣される慣例である。

◈転　座

転座とは、該当の御影が南本間に奉懸《ほうけん》される時で、勤行は逮夜日中のみ南へ座を転じ、御当門は南の向畳《むこうじょう》に出仕され、すべて南が首座となる。

6 御歴代御祥月《ごれきだいごしょうつき》

如信上人　一月　四日
善如上人　二月二十九日
巧如上人　十月　十四日
蓮如上人　三月二十五日
証如上人　八月　十三日
教如上人　十月　五日
琢如上人　四月　十四日
一如上人　四月　十二日
従如上人　七月　十一日
達如上人　十一月　四日
現如上人　二月　八日

覚如上人　一月　十九日
綽如上人　四月二十四日
存如上人　六月　十八日
実如上人　二月　二日
顕如上人　十一月二十四日
宣如上人　七月二十五日
常如上人　五月二十二日
真如上人　十月　二日
乗如上人　二月二十二日
厳如上人　一月　十五日

※善如上人二月二十五日に引上、顕如上人十月二十四日に引上。

荘厳 各御祥月命日の前日正午過ぎ、大師堂の双幅御影を十字の間の御名号両脇に奉移し、双幅の間正中に御祥月相当の御影一幅のみ奉懸。

御花御影前一瓶立替。蓮如上人の御祥月以外は、打敷、華束等なし。

装束 直綴・青袈裟。外陣—直綴・墨袈裟。

逮夜 大師堂

御影前、立燭焼香　南へ転座

正信偈—行四句目下　念仏讃—淘五　和讃—回り口六首

回向—我世彼尊功徳事

晨朝 大師堂

正信偈—中読（他の御歴代御命日と重なる時は中拍子）

念仏讃—淘五　和讃—回り口六首　回向—世尊我一心

日中　大師堂
御影前、立燭焼香　南へ転座
正信偈―行四句目下　念仏讃―淘五　和讃―回り口六首　回向―願以此功徳

従来は前記の通り勤まっていたが、昭和四十五年頃より、日中はすべて晨朝兼日中として勤められることになった。

7　亀山帝《かめやまてい》・先帝御祥月《せんていごしょうつき》

【亀山帝御祥忌】

荘厳　十月十一日正午過ぎ、霊牌前のみ御花立替、杉形華束一具奉備。
菊灯一対を出す。
霊牌前打敷―紅地金襴桐唐艸白菊御紋縫

装束　直綴・五条袈裟。外陣―直綴・墨袈裟。

晨朝兼日中（十月十二日）本堂 晨朝前、霊牌御戸開扉、霊供奉備 中尊前霊牌前、立燭焼香 漢音阿弥陀経―中読　短念仏　回向―我世彼尊功徳事

亀山天皇は本願寺に「久遠実成阿弥陀本願寺《くおんじつじょうあみだほんがんじ》」の寺号を賜ったと伝えられるので、当派にては本堂の北余間に、尊牌を収めた寶龕《ほうがん》が設えてあって、毎年の御祥忌は前記の通り勤められている。

ちなみに洛東の南禅寺には、亀山帝の霊廟があり、毎年御祥忌に法要が厳修《ごんしゅう》されるので、当日は当派より御当門の御代香《ごだいこう》が派遣されることになっている。

【先帝御祥忌（大正天皇）】

荘厳　十二月二十四日正午過ぎ、御本尊脇の尊牌を御本尊の正面に移し奉安、中尊前御花立替、杉形華束一具奉備。

上卓打敷―樺色塩瀬地金糸菊御紋縫　前卓打敷―白茶壁塩瀬地雲鶴縫

水引―鶸萌黄蜀甲錦

装束　直綴・五条袈裟。外陣―直綴・墨袈裟。

晨朝兼日中（十二月二十五日）本堂

晨朝前、霊供奉備　中尊前、両鶴立燭焼香

漢音阿弥陀経―中読　短念仏　回向―我世彼尊功徳事

8　鎌足公《かまたりこう》・東照宮御祥月《とうしょうぐうごしょうつき》

【藤原鎌足公御祥月】

荘厳　特になし。

装束　直綴・五条袈裟。外陣―直綴・墨袈裟。

晨朝兼日中（十一月十七日）本堂 中尊前、両鶴立燭焼香 漢音阿弥陀経―中読　短念仏　回向―我世彼尊功徳事

【東照宮御祥月】

四月十七日、東照宮（徳川家康公）御祥月は、従来は本堂の南の出仕口に仮壇を設置し、霊牌を奉安して打敷・華束の荘厳《しょうごん》を整え、鎌足公と同様の勤行、装束であったが、近年は勤まっていない。

三、年始の法要と行事

1 修正会《しゅしょうえ》

準備 前年の十二月三十一日晨朝後、両堂の総清掃。

本堂の太子、法然上人、六祖の常の御影奉巻《ほうかん》、旧蔵の古い御影と懸け替え。大師堂の十字名号を九字の間に奉移し、並べ奉懸《ほうけん》。常の双幅の御影を巻納し、別幅を奉懸。

双幅の間、中央に現如上人、向かって右に厳如上人、向かって左に達如上人。

南の余間（十字の間）、向かって右より左へ如信上人、覚如上人、善如上人、綽如上人、巧如上人、存如上人、蓮如上人、実如上人（以上八幅）。北袖に証如上人、南袖に顕如上人。

北の余間（六字の間）、向かって左より右へ教如上人、宣如上人、琢如上人、常如上人、一如上人、真如上人、従如上人、乗如上人（以上八幅）。

荘厳

本堂の打敷

中尊前上卓―鶸茶緞子紅白散華金糸散雲縫
中尊前前卓―緋塩瀬地五色八藤金糸天人唐艸縫
中尊前水引―厚板地萌黄色平金鶴菱陰陽繁紋
太子前―紅地唐花錦白八藤御紋縫
法然上人前―紅地唐花錦抱牡丹御紋縫
亀山帝前―萌黄地牡丹唐艸白糸縁紅菊御紋縫

本堂の御花

中尊前の両瓶にて若松の真、梅の見越、若柳の副、水仙の正真、南天の胴、椿、寒菊挿交《さしまぜ》、熊笹の根じめ。（各尊前同じ）

本堂の御鏡

中尊前の須弥壇上に御鏡台を置き、「折敷《おしき》」に、奉書紙を敷き五枚宛一対。
太子、法然上人前は二枚宛、ほかの各尊前は一枚宛。

大師堂の打敷

御真影前―緋米織羽二重雲鶴縫
御真影前水引―萌黄堅地遠州茶水玉模様
前住上人前―緋塩瀬地鶏鳥散雲之縫
双幅の間―緋塩瀬地鳳凰唐花之縫

大師堂の御花

本堂と同等。

大師堂の御鏡

御真影前《ごしんねいまえ》は、前卓上に一対「折敷」に奉書紙を敷き、御鏡餅を十枚載せる。

前住上人前は、前卓の後方に御鏡台を出し、御鏡餅二枚宛。

双幅の間の三御影前は、前卓の向こう壇上に御鏡餅二枚宛。

南北の余間の各御影前は、壇上に御鏡餅二枚宛。

ちなみに、祖師前の御鏡餅は一枚五升取りのものが左右合わせて二十枚で、計一石の御餅で大変な重量となるので、前卓には以前は支え束を入れることになっていた。なお、当派の御鏡は御餅の上に葉付きの「橙《だいだい》」一個を載せるのみで、他の飾り物は用いない。また余間の各御影前に晨朝後総御影供の場合は、御鏡中央の橙を前に引き寄せ、その向こうの御餅の上に御影供《ごえいく》を載せる。

装束　晨朝　裳附・五条袈裟・指貫。昏時　直綴・青袈裟。外陣—直綴・墨袈裟。

晨朝（一月一日）本堂

総灯明。亀山帝尊牌奉安の御戸開扉。中尊前の両鶴、その他太子前、源空上人前、亀山帝前、立燭焼香

御登高座（御出仕直ちに登段）草鞋御依用

漢音阿弥陀経—真々読　磬にて御始経　短念仏　回向—我世彼尊功徳事

晨朝過ぎ、大仏供奉備、各御影総御影供

晨朝（一月一日）大師堂

総灯明。本間三尊前、立燭焼香

両御門主草鞋御依用
正信偈―真々読　念仏讃―淘十　和讃―弥陀成仏ノコノカタハ　次第六首
初讃―位上曲　七遍反　回向―願以此功徳　百遍念仏
御文―或人イワク（一﨟拝読）
晨朝過ぎ、大仏供奉備　各御影前総御影供

昏時（一月一日）大師堂

正信偈―中拍子　念仏讃―淘五三　和讃―回り口六首　回向―願以此功徳

※元旦の勤行は前記の通り、御登段にて漢音阿弥陀経真々読。大師堂では、正信偈真々読、念仏讃淘十、位上曲《いじょうきょく》という御正忌報恩講に相当する重い勤行がなされる、厳粛な法要である。
位上曲については、「六、御正忌報恩講行事」にて記述する（本書一六〇～一六二頁）。

装束　晨朝　色直綴・五条袈裟。昏時　直綴・青袈裟。外陣―直綴・墨袈裟。

晨朝（一月二日）本堂
両鶴、立燭焼香
漢音阿弥陀経―中読　短念仏　回向―我世彼尊功徳事
晨朝（一月二日）大師堂
正信偈―中拍子　念仏讃―淘五　和讃―回り口六首　五遍反
回向―願以此功徳
百遍念仏　御文―回り口
昏時（一月二日）大師堂
正信偈―中拍子　念仏讃―淘五三　和讃―回り口六首　回向―願以此功徳

装束　晨朝　色直綴・五条袈裟。昏時　直綴・青袈裟。外陣―直綴・墨袈裟。

晨朝（一月三日）本堂

両鶴、立燭焼香

漢音阿弥陀経―中読　短念仏　回向―我世彼尊功徳事

晨朝（一月三日）大師堂

正信偈―中読　念仏讃―淘五　和讃―回り口六首　五遍反　回向―願以此功徳

百遍念仏　御文―回り口

※如信上人御祥月の逮夜と兼修

昏時（一月三日）大師堂

正信偈―中拍子　念仏讃―淘五三　和讃―回り口六首　回向―願以此功徳

装束　晨朝　直綴・五条袈裟。昏時　直綴・青袈裟。外陣―直綴・墨袈裟。

晨朝（一月四日）本堂

両鶴立燭、焼香なし

漢音阿弥陀経―中読　短念仏　回向―我世彼尊功徳事

晨朝（一月四日）大師堂

正信偈―行四句目下　念仏讃―淘五　和讃―回り口六首

五遍反　回向―願以此功徳　百遍念仏　御文―回り口

※如信上人御祥月晨朝兼日中

昏時（一月四日）大師堂

正信偈―舌々　念仏讃―淘二　和讃―回り口三首　回向―願以此功徳

装束　晨朝　直綴・五条袈裟。昏時　直綴・青袈裟。外陣―直綴・墨袈裟。

晨朝（一月五日）本堂

両鶴立燭、焼香なし

漢音阿弥陀経―中読　短念仏　回向―我世彼尊功徳事

晨朝（一月五日）大師堂
正信偈—中拍子　念仏讃—淘五三　和讃—回り口六首
五遍反　回向—願以此功徳　百遍念仏　御文—回り口

昏時（一月五日）大師堂
正信偈—舌々　念仏讃—淘二　和讃—回り口三首　回向—願以此功徳

装束　晨朝　直綴・五条袈裟。昏時　直綴・青袈裟。外陣—直綴・墨袈裟。

晨朝（一月六日）本堂
両鶴、立燭焼香（※前住上人御命日に付き焼香）
漢音阿弥陀経—真読　短念仏　回向—我世彼尊功徳事

晨朝（一月六日）大師堂
正信偈—真読　念仏讃—淘八　和讃—回り口六首

五遍反　回向—世尊我一心　百遍念仏　御文—回り口

昏時（一月六日）大師堂

正信偈—舌々　念仏讃—淘二　和讃—回り口三首　回向—願以此功徳

装束　晨朝　直綴・五条袈裟。昏時　直綴・青袈裟。外陣—直綴・墨袈裟。

晨朝（一月七日）本堂

両鶴立燭、焼香なし

漢音阿弥陀経—中読　短念仏　回向—我世彼尊功徳事

晨朝（一月七日）大師堂

正信偈—中読　念仏讃—淘五三　和讃—回り口六首

五遍反　回向—願以此功徳　御文—回り口

昏時（一月七日）大師堂

正信偈―舌々　念仏讃―淘二　和讃―回り口三首　回向―願以此功徳

一月八日の晨朝後、両堂の荘厳《しょうごん》払《はら》い。御鏡を控え、御鏡開き。

2　御献盃《ごけんぱい》

本山にては元旦は、晨朝勤行に先立って、未明に御献盃の行事がある。御献盃とは、大師堂の宗祖御真影《ごしんねい》に向かって、御当門自身が、親しく「屠蘇《とそ》」の盃を献ぜられる儀式である。

まず堂衆《どうしゅう》は元旦の午前二時に起床、内陣のこしらえに取りかかる。大師堂の内陣北側奥寄りの竪畳《たてじょう》に、大小二脚の朱卓を出し、一つには大形土器の盃を三宝台に載せ、もう一つの脚には屠蘇の清酒を入れた長柄《ながえ》の銚子、瓶子《へいし》を並べて置く。そして御真影前の前卓にある土香炉と金香炉は後堂《ごうどう》に引き、卓上の夷形香盤《えびすがたこうばん》を前寄りに引き出し、金香炉の蓋と香合を一列に並べ置く。

定刻、式務部長がまず御真影の御戸を開扉し、次に御新門以下大谷家一門の連枝方《れんしがた》のみ、いずれも元旦晨朝の装束、裳附五条指貫《もつけごじょうさしぬき》にて御出仕、御新門は南向畳《みなみむこうじょう》に、御連枝方は北側の内陣竪畳に着座される。

次いで御当門もまた、裳附五条指貫の御装束にて、後門より草鞋《そうかい》を召され御出仕、直ちに祖師前の前卓正面に進まれる。介添えの取次役の連枝は、土器を載せた三宝を捧げて御当門のお側に参進、御当門はこれを前卓の香盤上に載せられ、次いでまた連枝の介添えにて長柄銚子にて屠蘇三献の式をされる。終わって御拝礼退出される。

西本願寺でも「御酒海《ごしゅかい》」と称して、当派とほぼ同様の御式が晨朝前に行われているようであるが、内陣は白屏風で囲まれ一般の者はうかがい得ないようである。

当派にてもこの御献盃式は、往時は絶対に他見を許されず、両堂の門は閉じたまま、大師堂の唐戸を打ち切り、内陣の南余間の境には狭間障子《さましょうじ》を入れ、外陣の金障子も全部閉じ切り、外陣の後堂には番人を配して一般の入堂を厳禁したことであったが、昭和三十五年以降密匿すべきものでないということで、現今では、門を開き、堂を広開して、一般の参詣者も自由に厳儀を拝見できることになっている。

◆一門年始御盃

大師堂で御真影御献盃の終了後、御退出、直ちに堂裏の御休憩所に両御門主はじめ連枝方一同が参集され、ここにて御献盃に用いられた屠蘇のお流れにて順次、御一門の年始御盃《ねんしごはい》が行われる。

前項の御献盃式に用いられる屠蘇は大晦日より、御休憩所にお壺飾りとして、大壺に清酒を満たし、これに屠蘇を加えて用意しておく。そして御献盃前に銚子に移して用いられる。これらの準備、更に御一門の御盃の準備等は、従来より従者旧家臣の担当となっていて、定衆《じょうしゅう》・堂衆等の僧分は一切関わらないことになっている。

西本願寺でも御真影前での御献盃の式後、鴻之間《こうのま》において、御門主は祝膳にて御流盃《ごりゅうはい》を頂かれ、続いて総長以下各代表者に順次お流れ頂戴の儀式があるということである。

◈元朝の鳴鐘

御休憩所における御盃が終わって、御当門は直ちにまず本堂へ御参堂になる。その直前に晨朝の鐘（梵鐘）の発打を命ぜられる。常の御命日や法要の際の鐘は装束案内とともに、すべての勤行のおよそ一時間前に発打されるのが常例であるが、この元旦晨朝（元朝）に限り、鳴鐘中に本堂の勤行が始まることもまったく異例で、新年の瑞気みなぎる静寂の御堂に、微かに聞こゆる磬《きん》の音、漢音小経真読の声に和して、梵鐘の響き、まことに森厳の気に打たれる感がある。

◆お流れ頂戴

元朝後、一般参詣者も御献盃のお屠蘇のお流れが頂戴できる。大師堂の南縁入口に金屏風で囲い卓を出し、式務局員が出向いて、御献盃のお流れを長柄銚子にて土器の盃に執酌《しゅうしゃく》して、頂戴できることになっている。

また二日の晨朝後には、両堂に奉仕する連枝方、部長より定衆・堂衆・知堂《ちどう》・内番以下一般の職員に至るまで、大師堂裏の堂班溜《どうはんたまり》に参集して同じく御献盃のお流れを頂戴し、新年の挨拶を交わすことになっている。

3　御廟参《ごびょうさん》と隣山御年賀《りんざんおねんが》

毎年大晦日の歳末昏時《こんじ》後、黄昏時には御当門はじめ御裏方並びに奥向きの方々、お揃いにて東山大谷本廟にご参拝になるのであるが、新年は元朝後に改めて年始の御廟参をされることになっている。

なお、御当門は従者と随行一名を伴われて、元朝十時頃、御隣山、西本願寺に御年賀のために出向され、親しく両堂に御参拝の上、御帰山される恒例となっている。

また、同時刻頃、御隣山の御門主も御来山あり、式務部員の御案内にて、親しく両堂に御参拝致されることになっている。

4 粥柱《かゆばしら》

一月十五日は上元に当たるので、この日は晨朝に両堂ともに前卓のみ立燭《りっしょく》する。そしてその晨朝の前に、各尊の御仏器に「粥柱」を盛って奉備することになっていた。

粥柱というのは、それぞれの御仏器の大きさに準じて、白餅を高さおよそ十二センチメートル、直径およそ十センチメートルの円筒形に切り、その上に幅厚さおよそ二センチメートルの角形棒状の切餅を三角形に二重に組み、更にその上に厚さ二センチメートルほどの円形の切餅を載せ、その中央に塩味の小豆餡を円錐《えんすいけい》形に固めたものを載せた、ちょっと珍しい形をしたものである。

これは一般に正月七日には七草粥、十五日には小豆粥を食べる風習より由来するものと考えられるが、何時頃より始まったものか明らかでない。

この粥柱は晨朝前に備え、晨朝の勤行後に常の仏供《ぶっく》と備え代えられる。

そしてこの粥柱は戦前までは例年正月に備えられたが、戦時中の物資欠乏とともに途絶えた。

四、春の法要と行事

1　春秋二季彼岸《しゅんじゅうにきひがん》

春季荘厳
打敷　中尊前上卓―米織紅梅色金糸檜垣白牡丹紋縫
　　　中尊前前卓―真白繻子四霊之縫
　　　中尊前水引―赤地金襴撫子菱
　　　御真影前前卓《ごしんねいまえ》―緋繻子白鵠孔雀鸚鵡之縫
　　　御真影前水引―紫小龍紋地金木瓜雲
御花　初日―彼岸桜の真　中日―松の軒真、紅白桃、椿等挿交《さしまぜ》
華束　杉形一具奉備（両堂）
秋季荘厳
打敷　中尊前上卓―緋繻子飛雲白八藤縫
　　　中尊前前卓―萌黄繻子波飛龍縫

中尊前水引―本紅地七宝錦
御真影前前卓―緋米織三色蓮華金糸天人唐艸縫
御真影前水引―薄花田色堅地織紫縁金飛雲模様

御花　初日―紫苑の真　中日―松の軒真、日車、女郎花、すすき等挿交
華束　杉形一具奉備（両堂）

毎晨朝（本堂・大師堂）

装束　直綴・五条袈裟。外陣―直綴・墨袈裟。
御文拝読者　直綴・墨袈裟・長房・中啓。

本　堂
両堂前卓、立燭　初・中・結　本堂中尊前、焼香
漢音阿弥陀経―中読

大師堂

正信偈―中読（御歴代御命日は中拍子）　念仏讃―淘五三　和讃―回り口六首
回向―願以此功徳（初・中・結は世尊我一心）　御文―なし
初・中・結―大仏供　平日―中仏供　晨朝過ぎ奉備
毎日正午　御文―回り口（上意法談）

初・中・結　日中（大師堂）

装束　裳附・五条袈裟。

往生礼讃偈　念仏讃―淘五　和讃―回り口三首　回向―願以此功徳
阿弥陀経　短念仏留　回向―世尊我一心

昏時（大師堂）

装束　直綴・青袈裟。外陣―直綴・墨袈裟。

正信偈―舌々　念仏讃―淘二　和讃―回り口三首
回向―願以此功徳　（結願昏時なし）

2　酬徳会《しゅうとくえ》

酬徳会は明治二十五年五月の開闢《かいびゃく》。当初は、両堂再建に際しての物故功労者を中心として、外護の皇室はじめ、内外の宗門護持に功労のあった人々に対する酬恩《しゅうおん》の法要として、毎年五月一日より五日間にわたり、入楽の法要として本堂において勤修《きんしゅう》され、十一月の御正忌報恩講に次いでの大法要であった。

それが後に三日間の法要に短縮され、更に大正になると入楽を取り止め、春季彼岸会中の第二日より中日までの三日間、彼岸会と併修されることになった。

その当時の荘厳《しょうごん》に依用されていた打敷は、各尊前用に二組あった。

荘厳

甲の方打敷

中尊前上卓—樺色塩瀬地金糸菊御紋縫（明治二十五年五月酬徳会開闢の節に新調）

中尊前前卓―紫塩瀬地金糸向龍縫
中尊前水引―白堅地金糸青海波
亀山帝前―紅地金襴桐唐艸白菊御紋縫
御真影前前卓―萌黄地錦（明治二十八年四月御遷座の節に宮内省より下賜）
御真影前水引―本紅地七宝八藤紋縫

乙の方打敷

中尊前上卓―鶸茶緞子紅縁金菊御紋縫
中尊前前卓―赤地七宝紋織錦（明治二十五年五月宮内省より下賜）
中尊前水引―金地錦井筒撫子模様
亀山帝前―萌黄地牡丹唐艸白糸縁紅菊御紋縫（明治二十五年五月新調）
御真影前前卓―萌黄緞子雲鳳凰之縫
御真影前水引―桃色緞子白紫八藤御紋縫

装束　晨朝―色直綴・五条袈裟。法要―裳附・五条袈裟・指貫。

毎晨朝　本堂

立燭

漢音阿弥陀経―中読

毎晨朝　大師堂

（彼岸会の通り）

毎法要（午後二時）本堂

中尊前、亀山帝前、立燭焼香

御登高座―伽陀二章　三経回し読み　音木

復座後　伽陀の終り、鏧一下　念仏讃―淘五　懸和讃―（左記の通り）

初日中―阿弥陀如来来化シテ　添　国土

中日中―男女貴賤コトゴトク　添　外儀ノ

結願日中―多生曠劫コノ世マデ　添　護持

回向―願以此功徳

なおこの酬徳会は昭和四十七年度より春の法要第二日より三日間、本堂において荘厳は従来通りにて、法要は晨朝に兼修（中尊前、亀山帝前、立燭焼香）、勤行は漢音阿弥陀経—真読ということに縮小され改められた。

3 宣旨《せんじ》奉送迎《ほうそうげい》

毎年四月一日の午前中、東西本願寺の間にて、宣旨の奉送迎が行われる。

明治九年十一月二十八日宗祖親鸞聖人に明治天皇より賜った「見真大師《けんしんたいし》」の諡号《しごう》と、明治十五年三月二十二日蓮如上人に贈られた「慧灯《えとう》大師」の諡号宣旨は以来、東西両本願寺にて交代に保管することになっている。その両宣旨を東西両本願寺の間に交換保持する行事が、宣旨奉送迎である。

そして慧灯大師の宣旨には、山科の蓮如上人御廟地（御廟は東西両本願寺の共有）の土地権利書も添えられていて、同時にこれも両本願寺にて一年毎に交代保持されることになっている。

東本願寺では大寝殿《おおしんでん》にその席をしつらえ、上段の間には御簾《みす》を垂らし、勅使門を開いて、白洲には鯨幕を張り、宗務役員一同で送迎にあたる。

定刻前、宝蔵よりまず見真大師の諡号宣旨を出蔵して、大寝殿上段の間の床に移し、御当門が御出座検分の後、外函に収め、使者の五箇寺定衆《ごかじじょうしゅう》が、裳附五条袈裟指貫《もつけごじょうけささしぬき》の装束にてこれを捧持し、朱傘をさしかけ、従者二名を従えて大寝殿正面の階を降り、白洲を経て勅使門より出て、当今は自動車列にて御隣山西本願寺に向かう。

西本願寺では同じく勅使門を開き、白書院上段の間にて御門主が御出座受け取り、函を開き御検分の上、封印をして宝蔵に収納される。

続いて西本願寺より、慧灯大師の諡号宣旨を、同様の体裁にて使者が捧持し、唐門を出て自動車にて当山に来山、勅使門を入り大寝殿に昇階、上段の間にて御当門が御出座、その宣旨を御検分受領の後、封印をして宝蔵に収納される。

これを「奉送迎《ほうそうげい》」と称し、翌年には西本願寺より、まず見真大師の諡号宣旨を捧持して来山、続いて当山より慧灯大師の諡号宣旨を西本願寺に送るのを「奉迎送《ほうげいそう》」と称している。このようにして両大師号の宣旨は隔年交代にて保持されることになっている。

4　宗祖御誕生会《しゅうそごたんじょうえ》

四月一日の宗祖御誕生会は音楽法要の形式で勤められる。

荘厳　大師堂の御真影前荘厳。御花立替、立燭。

装束　裳附・五条袈裟・指貫。

内陣は常の通り着座、外陣堂衆は本間正面に着座。

合唱団、楽器演奏者は外陣南側に北面して整列。

一、入堂

二、讃歌「一一（ちいち）のはなのなかよりは」

三、献灯献華「智慧の光明はかりなし」

四、御当門御入堂　登高座御登段

五、総礼　御当門御焼香、三礼
六、パーリ文三帰依　一同復唱
七、表白
八、讃歌「無碍光の利益より」
九、正信偈　一同唱和　起立散華
十、念仏「念仏の合唱」
十一、恩徳讃「如来大悲の恩徳は」　一同唱和
十二、総礼
十三、御当門御退堂
十四、退堂

5 立教開宗《りっきょうかいしゅう》記念日《きねんび》法要《ほうよう》

大正十三年（立教開宗七百年記念法要の翌年）より創始され、以来毎年四月十五日に奉修されている。

荘厳　打敷　御真影前前卓―緋塩瀬地金糸蔭天人唐艸白八藤紋
御真影前水引―白茶地唐織錦七宝菊桐模様
（大正十二年四月立教開宗七百年記念法要に新調）

装束　裳附・五条袈裟。

正信偈―真読　念仏讃―淘五
懸和讃―弥陀ノ浄土ニ帰シヌレバ　添　乃曁　同音　仏慧功徳ヲホメシメテ
回向―願以此功徳

6　春《はる》の法要《ほうよう》

近年は毎年四月上旬にはいずれかの大法要が、本山において厳修《ごんしゅう》されることになっている。

例えば、宗祖親鸞聖人、蓮如上人の御遠忌にても御正当は、一応幾昼夜厳修され、改めて四月には再度盛大に厳修される慣例である。また前住、前々住法主の年忌法要等も、御正当御祥月にはそれぞれ二昼夜厳修されるが、四月には改めて春の法要として、三昼夜または五昼夜にわたり法要が厳修されることになっている。その一例として、現如《げんにょ》上人五十回忌法要が昭和四十七年四月三日から八日まで五昼夜にわたり厳修された。

なおこの種の法要には、中日《ちゅうにち》・結願《けちがん》等には高廊下列や縁儀《えんぎ》が行われる慣例であるが、省略された。

ちなみに、親鸞聖人、蓮如上人の御遠忌ともなれば、初《しょ》・中《ちゅう》・結《けつ》法要には、高廊下列、縁儀、庭儀《ていぎ》等の参堂列が行われる慣例であり、往年は法要後にその還列が行われたということであるが、当今還列はまったく廃された。

大法要の節の大師堂御真影前打敷依用例

前卓―緋塩瀬地白糸鳳凰枝桐之縫（大正七年四月厳如上人二十五回忌に新調）
水引―若草色繻子金糸朽木形之縫（大正七年四月厳如上人二十五回忌に新調）
前卓―撚金無地桃山時代桜花之図縫（昭和三十六年四月宗祖七百回御遠忌に新調）
水引―海老茶地塩瀬地法水流遠之図縫（昭和三十六年四月宗祖七百回御遠忌に新調）
前卓―山躑躅色塩瀬地鳳凰升ニ桐之縫（昭和四十七年四月現如上人五十回忌に新調）
水引―空色堅地縁金緋蔭雲菱模様縫（昭和四十七年四月現如上人五十回忌に新調）

◆戦没者追悼会

例年春の法要期間中、または春季彼岸中、日時を選んで大師堂にて勤められる。

装束　裳附・五条袈裟・指貫。

伽陀―万行之中　直入弥陀　登高座　阿弥陀経　起立散華
念仏讃―淘五　懸和讃―阿弥陀仏ノ御名ヲキキ　添　ミテラン
回向―願以此功徳

◈相続講員物故者追弔会

この法要も戦没者追弔会と同じく、春の法要または春季彼岸中、日時を選んで大師堂にて勤められる。

装束　裳附・五条袈裟・指貫。

伽陀―万行之中　阿弥陀経　短念仏―十遍
念仏讃―淘五　懸和讃―十方微塵世界ノ　添　万行ノ
回向―願以此功徳

五、夏中の法要と行事

1　夏《げ》の御文《おふみ》

例年五月十五日より八月十五日まで一夏九旬《いちげきゅうじゅん》の間、毎日正午御控え過ぎ、大師堂において「夏の御文」が拝読された。

これは蓮如上人が明応七年の夏、八十四歳の時、山科本願寺において御制作になった、御文四通を拝読するもので、平常に拝読される五帖八十通の御文とは別に、夏中にのみ拝読されるものである。

五月十五日より四日間を初夏とし、八月十二日より四日間を終夏として、その間この夏の御文四通を、順次繰り返し拝読する。近年まではこれには、拝読前に必ず法談があることになっていた。

初夏は堂衆一臈《どうしゅういちろう》より順次四名に、終夏は八月十五日の最終日を一臈として、逆に順次四名に、上意《じょうい》（御当門の下命）として拝読されることになっていて、その中間は連日堂衆、宗務役員、教導等が交代に勤めることになっていた。

明治期から昭和三十八年頃までは、夏中三カ月にわたり、連日勤められていたが、近年は初夏と終夏のみ拝読され、中間は省略されるようになった。

往時はこの御文拝読の後、特に御真影《ごしんねい》の御戸開扉、礼拝があり、また拝読者による御真影前の撚香《ねんこう》等の特別な慣習があった。また御文を後門にかざり付けて、拝読者が後門の南より出退する慣習になっている。

当派にては夏の御文四通を四軸の巻物に仕立て、御消息《ごしょうそく》箱に収め、卓に載せて後門正中にかざり付けて置く。御隣山西本願寺にては第四通の末尾一節を別軸として、五軸になっているということである。

拝読者装束　直綴・墨袈裟・白服、半装束念珠・中啓。

2 盆《ぼん》会《え》

荘厳　七月十三日の正午過ぎ、両堂荘厳。
本堂は古き御影に懸け替え。大師堂は修正会の通り御歴代御影各別幅を、南北両余間に懸け連ねる。（「修正会」本書六二頁を参照）
両堂ともに南北余間に切籠を吊るす。
打敷　中尊前上卓―金地五色散蓮華八藤御紋縫
　　　中尊前前卓―紺繻子荷葉縫
　　中尊前水引―浅黄地観世水
　　御真影前前卓―赤地金襴八藤散紋天人唐艸
　　御真影前水引―萌黄繻子葵縫
御花　槙の真、蓮花の小真、女郎花、夏菊等色花

装束　晨朝　直綴・五条袈裟。

逮夜　（本間勤行）直綴・五条袈裟。
（余間勤行）内陣―直綴・青袈裟。外陣―直綴・墨袈裟。

晨朝（七月十四日）本堂
漢音阿弥陀経―舌々　短念仏　回向―我世彼尊功徳事
晨朝（七月十四日）大師堂
正信偈―中拍子　念仏讃―淘五三　和讃―回り口六首　回向―願以此功徳
正午より切籠点火
逮夜（七月十四日）大師堂　本間勤行
正信偈―草四句目下　念仏讃―淘五　和讃―回り口六首
回向―我世彼尊功徳事
逮夜（七月十四日）大師堂　余間勤行（南余間）
南北両余間立燭
漢音阿弥陀経―舌々　短念仏　回向―願以（舌々）

装束　晨朝　直綴・五条袈裟。
日中　（本間勤行）直綴・五条袈裟。
（余間勤行）内陣―直綴・青袈裟。外陣―直綴・墨袈裟。
昏時　内陣―直綴・青袈裟。外陣―直綴・墨袈裟。

晨朝（七月十五日）本堂
漢音阿弥陀経―中読　短念仏　回向―我世彼尊功徳事
晨朝（七月十五日）大師堂
中元のため御真影前立燭、両堂の切籠は終日点火
正信偈―中拍子　念仏讃―淘五　和讃―回り口六首
回向―世尊我一心　御文―回り口
日中（七月十五日）大師堂　本間勤行
文類偈―草四句目下　念仏讃―淘五　和讃―回り口六首
回向―願以此功徳

日中（七月十五日）大師堂　余間勤行
南北両余間、立燭焼香
正信偈―中拍子　念仏讃―淘五三　和讃―回り口六首
回向―願以此功徳
昏時（七月十五日）大師堂
御真影前、立燭焼香
正信偈―中拍子　念仏讃―淘五三　和讃―回り口三首
回向―願以此功徳

普通昏時《こんじ》には、修正会や両季の彼岸でも梵鐘は打たないが、盆の七月十五日の昏時に限って、乞鐘《こっしょう》にて七吼《ひちこう》と定められている。ちなみに乞鐘とは、規定の時刻に勝手に鐘を打ち始めるのではなく、内事《ないじ》の指示を伺うことをいう。

十六日の晨朝は、両堂の荘厳をそのままにて総灯明、切籠《きりこ》点火、両堂の勤行は平常通りに勤める。

◆切籠の勤行

「切籠《きりこ》」とは世俗でいう盆灯籠のことで、西本願寺の経谷師「本願寺風物詩」によると、往時御堂衆《みどうしゅう》や家臣が献上したもので、「深山桜」「紅梅」「胡蝶」等の名がつけられてあって七月十四日の逮夜に大師堂の両余間に供進し、その前で御門主が御出仕勤行せられたことに始まると記録されている。

当本山にては、八角形の火袋を赤色と紺色の色紙にて張り、頭部に墨塗りの雁形を付け、火袋の上方には「けずりかけ」の欄間を設け、紺地と赤地の方立《ほたて》を四隅に立て、これに白色、赤色、紺色の紙を三段に二重、大師堂は三重につぎ裳を付け、火袋の角に八本の垂れ尾を下げたものが、正式となっている。（一〇七頁の資料図参照）

昭和のはじめ頃までは、毎年用紙を新調して火袋を張り替えていた。その古い立垂れ尾の用紙は、長さ二十センチメートルぐらいに切って、赤と紺の太い紙捻《かみより》とし、二本を捻り合わせて紙燭を作り、これに油を浸して一年中の輪灯点火に利用した。

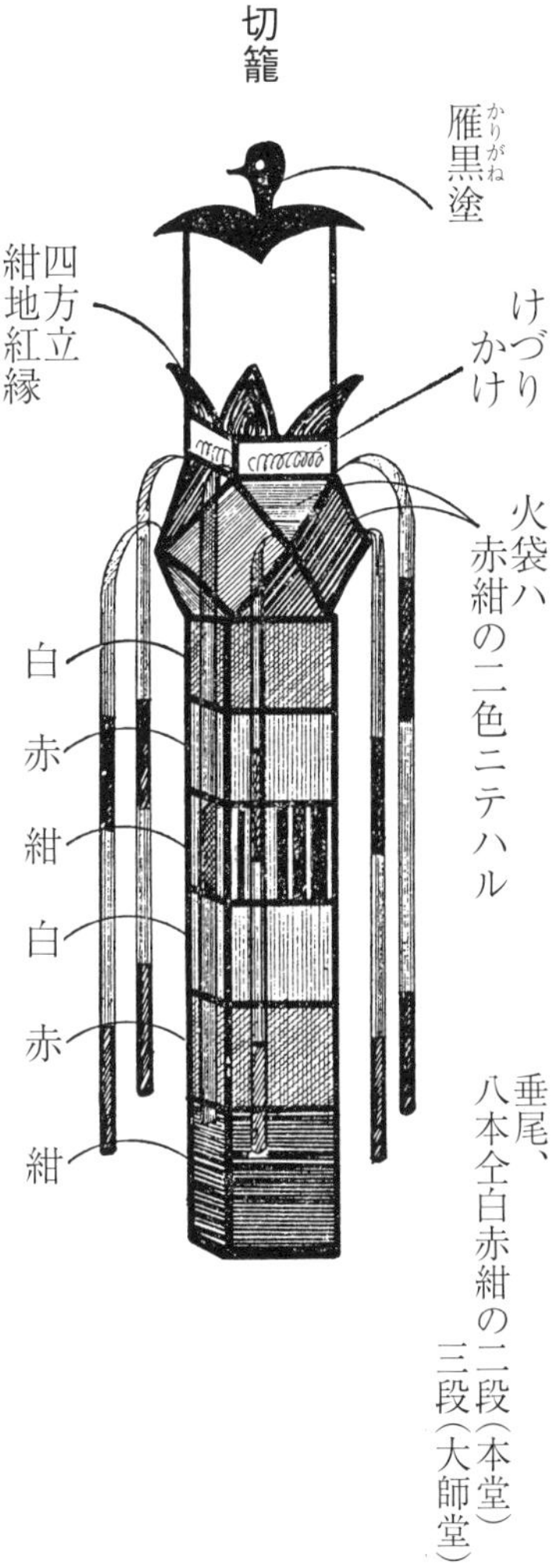
切籠
雁黒塗《かりがね》
四方立
紺地紅縁
けづりかけ
火袋ハ
赤紺の二色ニテハル
白
赤
紺
白
赤
紺
垂尾、
八本仝白赤紺の二段（本堂）
三段（大師堂）

盆会中の逮夜と日中の大師堂の本間の勤行に引き続き、南余間に転座してなされる勤行を、「切籠の勤行」と称している。

南余間は二間の内、内陣寄りの内側を平常「十字の間」といい、十字名号が奉懸《ほうけん》され、その前の余間は地板の上に竪畳《たてじょう》が幾筋か内陣に横面に敷いてある。盆会中には十字名号を次の九字の間に移して並べて奉懸、御跡に歴代の宗主御影を向かって右手より、如信上人より順次に掛け並べる。その前の余間は、両日の逮夜と日中の勤行前に畳職が奉仕して竪畳を取り除き、敷き直す。（一〇九頁の資料図参照）

十四日の逮夜は、両御当門はじめ、連枝方《れんしがた》、入内陣衆《にゅうないじんしゅう》はすべて南切戸口より藺草履《いぞうり》を用いないで出仕退出され、着座される。

勤行が終わって直ちに後堂《ごうどう》を経て、御当門以下内陣・外陣衆とも本堂に移行し、御当門は御局《おつぼね》にて、連枝方、入内陣衆は南北の余間にて、外陣堂衆は本堂の外陣北方にて仮座拝礼する。更に御当門のみは、後堂より大師堂の北余間に御参入され、余間にて北余間の御影に御拝礼される。御当門が余間に着座されるのは年中にて、この時と歳末昏時の際だけである。

十字ノ間
切籠勤行の節

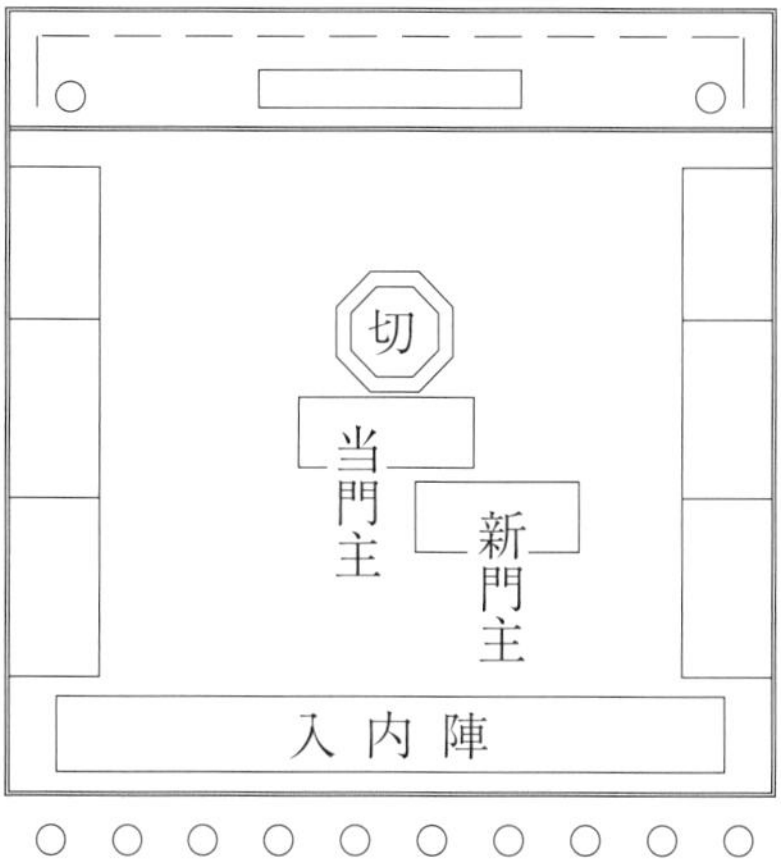

十四日　逮夜

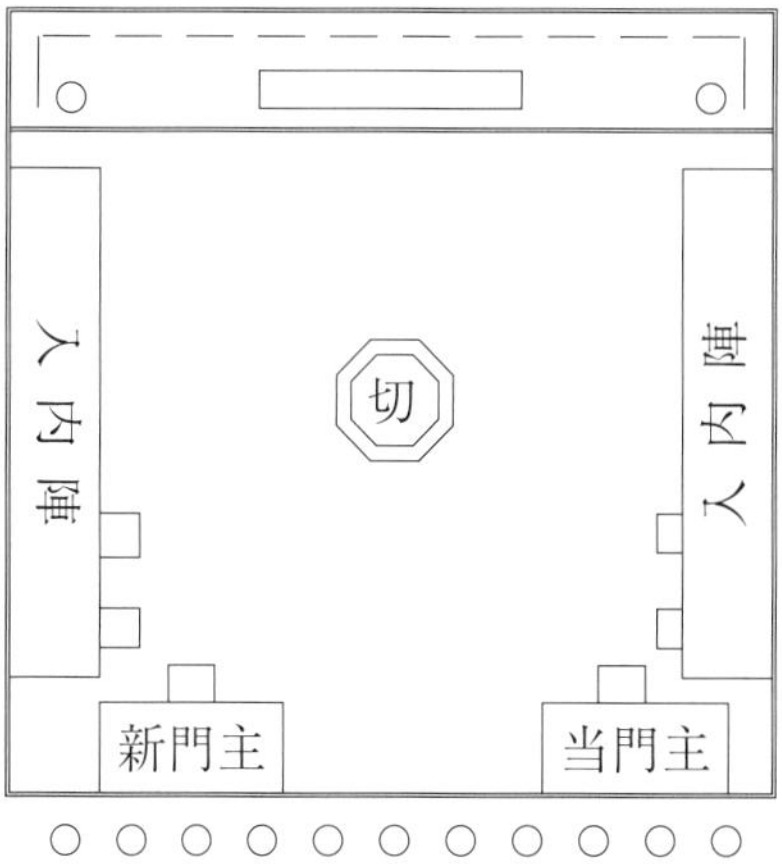

十五日　日中

十五日の日中は大師堂の後門の南口より、御当門はじめ連枝方、内陣衆とも常のごとく藺草履を依用して出仕、余間の壇上際を南北に分かれて着座される。彰如《しょうにょ》上人御代までは、この余間勤行の時には直綴に白無紋の五条袈裟をご着用せられた。当今は平常の晨朝に着用される五条袈裟を用いられている。

平常両堂の焼香は、堂衆一﨟《いちろう》、二﨟《にろう》、または老分《ろうぶん》が行うが、盆会中の十五日の余間勤行の焼香に限って、堂衆中座《ちゅうざ》の末席が行う慣習である。

3　土用《どよう》の虫干《むしぼ》し

◆蔵経の虫干し

夏の土用中、晴天の日を選んで高麗版一切経の虫干しが行われた。

この一切経は長さ約三十センチメートル、幅約二十センチメートル、高さ約二十五センチメートルの木箱百数十個に収められ、宝蔵に収納されて式務部の保管となっていた。

これを式務部職員、堂衆《どうしゅう》総動員で宝蔵より手送りにて運び出し、台車に載せて堂《どう》班溜《はんたまり》の広間に移し一函ずつ経本を取り出し、まずその半数を函の上に四丁に広げて干し並べる。およそ六十畳の部屋一杯になる。これを三日から四日干して、残りの半数と取り替え、最後に各冊の虫を払い、樟脳を入れて片付けた。

この高麗版一切経は、昭和三十八年に大谷大学の図書館に移管されたので、虫干しはなくなった。

ちなみに昭和十四年に中華民国の林森主席の発願により潘天津市長より本山に贈られた龍蔵（乾隆帝時代）七八九巻百函は寄贈時、大師堂の北余間に一時積み重ね一座法要の後、当時新築された本堂裏手の新宝蔵に収納されていたが、これも高麗版一切経と同時に大谷大学に移管された。

◆打敷の虫干し

両堂の年中行事、および各年忌特修法要等に依用される打敷は、両堂再建前より現在に至るまで、大法要の都度それぞれ関係の御影前に新調される慣例となっているため、数百枚に及んでいる。これは新蔵に収納されて式務部の保管となっているので、夏中に虫干しが行われた。

新蔵より台車に載せて運び出し、堂班溜に移し、部屋の両鴨居に取り付けた数十個の鉄鈌《てつがん》に綱を張り渡し、これに打敷を一枚ずつ広げ掛けて風を通す。一人では取り扱いかねる大打敷なので、数人がかりで行われた。

これも一回では干しきれないので、三日から四日にて干し替えする。終わって一枚ずつ折り畳み、紙文庫に入れたり、函に収納して片付ける。古美術品として使用に堪えぬ逸品は、干さずに収納されている函の蓋を開けて風を通すだけのものもあった。

この打敷の虫干しも、終戦後人手不足のため現今は途絶えている。

◈宝蔵の大掃除

本山には式務所管、内事所管、経理所管等の数棟の土蔵が両堂裏にあるが、そのうち式務所管は宝蔵、新蔵、古蔵、新宝蔵である。

そして常葉御真影《ときわごしんねい》、瞻仰御真影《せんごう》をはじめ御歴代の御影類、宗祖御真筆の国宝坂東本御本書、覚如上人真筆の重要文化財康永本御伝鈔、その他本願寺古文書等は宝蔵の大金庫に保管されており、経本類、仏具、打敷、御堂記録類等は新蔵、古蔵、新宝蔵に分納されている。

これらの土蔵を毎年暑中、蔵経や打敷の虫干しで収納品が少なくなった時に並行して埃を払い、雑巾がけをして大掃除が行われた。

この時、手拭いで覆面して顔のわからないのを幸いに、水の掛け合いやら、汚れた雑巾を階上から下にいる者の頭にかぶせたり、常に見られない無礼講があり一種のお祭り騒ぎであった。

この土蔵の大掃除も終戦後、虫干しの行事と同様に途絶えている。

六、御正忌報恩講行事

1　準備と荘厳《しょうごん》

両堂の準備

本山の御正忌報恩講は十一月二十一日より二十八日まで、七昼夜厳修《ごんしゅう》される。前日二十日正午過ぎ、両堂前卓輪灯に瓔珞《ようらく》を吊るす。

二十一日晨朝過ぎ、御本尊、御真影《ごしんねい》の御払い、両堂の清掃の後、引き続き荘 厳《しょうごん》する。

大師堂の十字名号と卓を北余間に奉移、御跡に御絵伝四幅を奉懸《ほうけん》。これは絵表方《えひょうがた》が参仕する。

御絵伝前は壇上に直《じか》に花瓶、鶴亀、土香炉、金香炉を置き、中央の夷《えびすがたこうばん》形香盤の上には御影供《ごえいく》のみ載せる。御絵伝前の仏具はすべて御真影前常用のものを使用する。

御真影前は五具足、金香炉は大形の角、土香炉は天龍寺形、七角香盤を出し、前卓の南北に雁木《がんぎ》、喰えざしを出し置きする。

両堂の打敷

甲の組　中尊前上卓―白塩瀬地紅糸八藤紋萌黄紫散雲之縫
中尊前前卓―緋塩瀬地荷葉之縫
中尊前水引―浅黄堅地金菱波模様
（明治二十八年四月御遷座の節に新調）
御真影前卓―紅梅色塩瀬地白鵠孔雀鸚鵡之縫
御真影水引―萌黄堅地色糸花之丸縫
（明治二十八年四月御遷座の節に新調）

乙の組　中尊前上卓―綴錦織入子菱金糸八藤紋縫
中尊前前卓―緋塩瀬地鳳凰桐折枝之縫
中尊前水引―浅黄繻子金糸観世水之縫
（明治三十一年四月蓮如上人四百回御遠忌の節に新調）
御真影前卓―緋塩瀬地牡丹金糸天人唐艸の縫

御真影水引―薄紫繻子金糸唐井筒之縫
（明治三十一年四月蓮如上人四百回御遠忌の節に新調）

丙の組　中尊前上卓―塩瀬地金糸乱小葵花鳥之丸縫
中尊前前卓―緋塩瀬地紅白牡丹折枝金糸唐井筒縫
中尊前水引―紺地金襴輪宝模様
御真影前卓―緋塩瀬地五色雲白三羽鶴之縫
御真影水引―花色繻子金糸立波之縫
（明治三十四年四月御真影御遷座三百年記念法要の節に新調）

丁の組　中尊前上卓―黄耆色塩瀬地金糸竹菱白八藤紋縫
中尊前前卓―白塩瀬地金糸荷葉之縫
中尊前水引―紅木蘭色堅地浅黄波之縫
（明治四十四年四月宗祖六百五十回御遠忌の節に新調）

御真影前卓―緋塩瀬地天人散蓮華之縫
御真影水引―萌黄繻子五色散雲之縫
（明治四十四年四月宗祖六百五十回御遠忌の節に新調）

甲乙丙丁の各組を順年に依用する。

両堂の御花

本堂―傘真　大師堂―軒真
初日―松の真、梅もどき、黄白菊等色花挿交
中日―水木の真、右記色花挿交
結願―梅の真、右記色花挿交

本堂中尊前の真は、直真に立てることになっている。
往年は右記の通り三度立替えられたが、当今は初日と中日の二度立替えに改められ、

中日より梅の真となった。

両堂の華束

本堂―須弥盛三行　大師堂―須弥盛五行

2 勤行次第《ごんぎょうしだい》

毎逮夜、日中、初夜は大師堂にて勤行。
毎晨朝は本堂と大師堂にて勤行。
毎逮夜、日中　御真影前《ごしんねいまえ》　五具足立燭《りっしょく》　焼香。
毎晨朝　　　中尊前　　五具足立燭焼香。
※二十五日晨朝は蓮如上人御命日兼修のため、大師堂御真影前卓の中央に竹の燭台一基を出し、双幅御影前とともに立燭。
二十二日晨朝過ぎ、御真影前、御絵伝前に大仏供《だいぶっく》奉備。
二十三日より毎晨朝過ぎ、備え替え。
二十八日結願日中《けちがんにっちゅう》過ぎ、お控え。
※「大仏供」（本書一一五～一一六頁）参照。

【十一月二十一日】

初逮夜　装束　裳附・五条袈裟・指貫。**出仕**　下臈出仕、下臈退出。
初夜　裳附・五条袈裟。

初逮夜集会刻限　正午鐘
初逮夜始刻限　午後零時三十分鐘
着座楽（本書一四〇頁参照）
正信偈―句淘　念仏讃―淘十　和讃―弥陀成仏ノコノカタハ　次第六首　（位上曲）
七遍反　回向―世尊我一心
退出楽（本書一四〇頁参照）
※位上曲については「位上曲」（本書一六〇～一六二頁）参照。

初夜刻限　午後五時
正信偈―中拍子　念仏讃―淘三　和讃―現世利益和讃　次第三首
回向―願以此功徳

【十一月二十二日】

初晨朝　装束　色直綴・五条袈裟。　出仕　上﨟出仕、上﨟退出。
初日中　裳附・五条袈裟・指貫。　下﨟出仕、下﨟退出。
逮夜　裳附・五条袈裟。　下﨟出仕（内陣上﨟出仕）、上﨟退出。
初夜　裳附・五条袈裟。

本　堂
初晨朝刻限　午前四時鐘

漢音阿弥陀経―真読　短念仏　回向―我世彼尊功徳事
嘆仏偈　念仏　和讃―聖徳太子和讃　十一首　回向―願以此功徳（お早引）
※「早引勤行」（本書三五〜三七頁）参照。

大師堂

正信偈―中拍子　念仏讃―淘十　和讃―道光明朗超絶セリ　次第六首
七遍反　回向―我世彼尊功徳事　百遍念仏
御文―中古以来

初日中集会刻限　午前七時鐘
初日中始刻限　午前八時鐘
着座楽（本書一四〇頁参照）
登高座楽（本書一四〇頁参照）
登高座―式嘆徳文　伽陀―七章　淘十

下高座楽（本書一四〇頁参照）
文類偈―草四句目下
念仏讃―淘十　和讃―光明月日ニ勝過シテ　次第三首
回向―願以此功徳
退出楽（本書一四一頁参照）

逮夜集会刻限　午後零時三十分鐘
逮夜始刻限　午後一時鐘
正信偈―句切　念仏讃―淘十　和讃―十方衆生ノタメニトテ　次第六首
七遍反　回向―我世彼尊功徳事　御文―御正忌

初夜刻限　午後五時
正信偈―中拍子　念仏讃―淘三　和讃―現世利益和讃　三首

回向―願以此功徳

【十一月二十三日】

晨朝　装束　色直綴・五条袈裟。　出仕　上臈出仕、上臈退出。
日中　裳附・五条袈裟・指貫。　下臈出仕（内陣上臈出仕）、上臈退出。
逮夜　裳附・五条袈裟。　下臈出仕（内陣上臈出仕）、上臈退出。
初夜　裳附・五条袈裟。

晨朝刻限　午前四時鐘
本　堂
漢音阿弥陀経―真読　短念仏　回向―我世彼尊功徳事
大師堂

正信偈―真読　念仏讃―淘十　和讃―安楽国ヲネガフヒト　次第六首
七遍反　回向―世尊我一心　百遍念仏
御文―毎年不闕

日中集会刻限　午前七時鐘
日中始刻限　午前八時鐘
登高座―式嘆徳文　伽陀―五章　淘八
文類偈―草四句目下　念仏讃―淘十　和讃―阿弥陀仏ノ御名ヲキキ　次第三首
回向―願以此功徳

逮夜集会刻限　午後零時三十分鐘
逮夜始刻限　午後一時鐘
正信偈―句切　念仏讃―淘十　和讃―自余ノ九方ノ仏国モ　次第六首

七遍反　回向―我世彼尊功徳事　御文―八ケ条
初夜刻限　午後五時
正信偈―中拍子　念仏讃―淘三　和讃―現世利益和讃　次第三首
回向―願以此功徳

【十一月二十四日】

晨朝　**装束**　色直綴・五条袈裟。　**出仕**　上臈出仕、上臈退出。
日中　裳附・五条袈裟・指貫。　下臈出仕（内陣上臈出仕）、上臈退出。
中逮夜　裳附・五条袈裟・指貫。　下臈出仕、下臈退出。
初夜　裳附・五条袈裟。

晨朝刻限　午前四時鐘

本　堂

漢音阿弥陀経―真読　短念仏　回向―我世彼尊功徳事

大師堂

正信偈―中拍子　念仏讃―淘十　和讃―尊者阿難座ヨリタチ　次第六首

七遍反　回向―世尊我一心　百遍念仏

御文―大坂建立

日中集会刻限　午前七時鐘

日中始刻限　午前八時鐘

登高座―式嘆徳文　伽陀―五章　淘八

文類偈―草四句目下　念仏讃―淘十　和讃―無碍光仏ノヒカリニハ　次第三首

回向―願以此功徳

中逮夜集会刻限　午後零時三十分鐘
中逮夜始刻限　午後一時鐘
着座楽（本書一四一頁参照）
正信偈―句切　念仏讃―淘十　和讃―十方微塵世界ノ　次第五首　六首目　弥
陀ノ名号トナヘツツ
七遍反　回向―世尊我一心
退出楽（本書一四一頁参照）
御文―中古以来

初夜刻限　午後五時
正信偈―中拍子　念仏讃―淘三　和讃―現世利益和讃　次第三首
回向―願以此功徳

【十一月二十五日】

中晨朝　装束　色直綴・五条袈裟。　出仕　上臈出仕、上臈退出。

中日中　裳附・五条袈裟・指貫。　下臈出仕、下臈退出。

逮夜　裳附・五条袈裟。　下臈出仕（内陣上臈出仕）、上臈退出。

初夜　裳附・五条袈裟。

御伝鈔拝読者　裳附・五条袈裟・指貫。

中晨朝刻限　午前四時鐘

本　堂

漢音阿弥陀経―真読　短念仏　回向―我世彼尊功徳事

嘆仏偈　念仏　念仏讃―源空上人和讃　十首　回向―願以此功徳

※「早引勤行」（本書三五～三七頁）参照。

大師堂

正信偈―草四句目下　念仏讃―淘十　和讃―本師龍樹菩薩ハ　次第六首
七遍反　回向―我世彼尊功徳事　百遍念仏
御文―三ケ条

中日中集会刻限　午前七時鐘
中日中始刻限　午前八時鐘
着座楽（本書一四一頁参照）
登高座楽（本書一四一頁参照）
登高座―式嘆徳文　伽陀―五章　淘十
下高座楽（本書一四一頁参照）
文類偈―草四句目下　念仏讃―淘十　和讃―生死ノ苦海ホトリナシ　次第三首
回向―願以此功徳
退出楽（本書一四一頁参照）

逮夜集会刻限　午後零時三十分鐘
逮夜始刻限　　午後一時鐘
正信偈―句切　念仏讃―淘十　和讃―釈迦ノ教法オホケレド　次第六首
七遍反　回向―我世彼尊功徳事　御文―毎年不闕

初夜刻限　午後五時
正信偈―中拍子　念仏讃―淘三　和讃―現世利益和讃　次第三首
回向―願以此功徳

御伝鈔拝読

【十一月二十六日】

晨朝　装束　色直綴・五条袈裟。　**出仕**　上﨟出仕、上﨟退出。
日中　裳附・五条袈裟・指貫。　下﨟出仕（内陣上﨟出仕）、上﨟退出。
逮夜　裳附・五条袈裟。　下﨟出仕（内陣上﨟出仕）、上﨟退出。
初夜　裳附・五条袈裟。

晨朝刻限　午前四時鐘
本　堂
漢音阿弥陀経―真読　短念仏　回向―我世彼尊功徳事
大師堂
正信偈―真読　念仏讃―淘十　和讃―尽十方ノ無碍光　次第六首
七遍反　回向―世尊我一心　百遍念仏
御文―六ケ条

日中集会刻限　午前七時鐘
日中始刻限　午前八時鐘
登高座―式嘆徳文　伽陀―五章　淘八
文類偈―草四句目下　念仏讃―淘十　和讃―イツツノ不思議ヲトクナカニ　次
第三首
回向―願以此功徳

逮夜集会刻限　午後零時三十分鐘
逮夜始刻限　午後一時鐘
正信偈―句切　念仏讃―淘十　和讃―専修ノヒトヲホムルニハ　次第六首
七遍反　回向―我世彼尊功徳事　御文―大坂建立

初夜刻限　午後五時

正信偈—中拍子　念仏讃—淘三　和讃—現世利益和讃　次第三首
回向—願以此功徳

【十一月二十七日】

晨朝　装束　色直綴・五条袈裟。　出仕　上﨟出仕、上﨟退出。
日中　裳附・五条袈裟・指貫。　下﨟出仕（内陣上﨟出仕）、上﨟退出。
結願逮夜　裳附・五条袈裟・指貫。　下﨟出仕、下﨟退出。
初夜　裳附・五条袈裟。

晨朝刻限　午前四時鐘
本　堂
漢音阿弥陀経—真読　短念仏　回向—我世彼尊功徳事

大師堂

正信偈―真読　念仏讃―淘十　和讃―三恒河沙ノ諸仏ノ　次第六首

七遍反　回向―世尊我一心　百遍念仏

御文―御正忌

日中集会刻限　午前七時鐘

日中始刻限　午前八時鐘

登高座―式嘆徳文　伽陀―五章　淘八

文類偈―草四句目下　念仏讃―淘十　和讃―弥陀ノ智願海水ニ　次第三首

回向―願以此功徳

結願逮夜集会刻限　午後零時三十分鐘

結願逮夜始刻限　午後一時鐘

着座楽（本書一四一頁参照）
正信偈―句淘　念仏讃―淘十二　和讃―五十六億七千万　次第六首　（位上曲）
七遍反　回向―世尊我一心
退出楽（本書一四一頁参照）
御文―御俗姓

初夜刻限　午後五時
正信偈―中拍子　念仏讃―淘三　和讃―現世利益和讃　次第三首
回向―願以此功徳

【十一月二十八日】

結願晨朝　**装束**　裳附・五条袈裟。　**出仕**　上﨟出仕、上﨟退出。

結願日中

法服・七条袈裟。　　下臈出仕、下臈退出。

※昭和十年頃より結願日中は裳附・五条袈裟・指貫に変更。

結願晨朝刻限　午前三時鐘

本　堂

漢音阿弥陀経―真読　短念仏　回向―我世彼尊功徳事

大師堂

正信偈―真読　念仏讃―淘十二　和讃―南無阿弥陀仏ノ回向ノ　次第六首

七遍反　回向―我世彼尊功徳事　百遍念仏

御文―なし

結願日中集会刻限　午前六時鐘

結願日中始刻限　午前七時鐘

着座楽（本書一四一頁参照）

登高座楽（本書一四一頁参照）
登高座―式嘆徳文　伽陀―七章　淘十二　坂東曲
下高座楽（本書一四一頁参照）
文類偈―草四句目下　念仏讃―淘十二　和讃―三朝浄土ノ大師等　次第三首
初重、三重（位上曲）　回向―願以此功徳
退出楽（本書一四一頁参照）

楽銘

		（甲）		（乙）	
初逮夜	着座楽	壱越調音取	賀祥楽	壱越調音取	迦陵頻破
	退出楽		陵　王		胡飲酒
初日中	着座楽	平調音取	万歳楽	平調音取	甘　州
	登高座楽		春揚柳		林　歌
	下高座楽		陪　臚		老君子

	退出楽		慶　徳		王昭君
中逮夜	着座楽	双調音取	春庭楽	双調音取	廻杯楽
	退出楽		武徳楽		酒胡子
中日中	着座楽	黄鐘調音取	喜春楽	黄鐘調音取	桃李花
	登高座楽		海青楽		平蛮楽
	下高座楽		西王楽		拾翠楽
	退出楽		千秋楽		越天楽
結願逮夜	着座楽	盤渉調音取	蘇合香急	盤渉調音取	宗明楽
	退出楽		越天楽		千秋楽
結願日中	着座楽	太食調音取	朝小子	太食調音取	打球楽
	登高座楽		武昌楽		傾盃楽
	下高座楽		合歓宴		仙遊霞
	退出楽		長慶子		還城楽

※右記の楽銘、甲と乙を各年に依用。

結願日中《けちがんにっちゅう》後、直ちに両堂の荘厳《しょうごん》を取り除き、諸仏具類を平常にかざり替え、御花も平常に立替。瓔珞《ようらく》を取り除き、中尊前、御真影の御払い。

終わって、鐘三吼《さんこう》を撞く。

【十一月二十九日】

御逮勤行　装束　直綴・青袈裟。外陣―直綴・墨袈裟（御文拝読者は白服）。

大師堂 正信偈―中拍子　念仏讃―淘五三　和讃―不了仏智ノシルシニハ　次第六首 回向―願以此功徳　御文―多屋内方（一﨟拝読）

3　斎《とき》・非《ひ》時《じ》・点心《てんしん》

「御斎《おとき》」とは一般に法事の際に頂く食事のことをいうが、蓮如上人山科本願寺の往時より日中逮夜等の法要に付随した大切な行事とされていて、僧分の装束も厳重に規定されていた。

原始仏教の教団の戒律には食事の作法が定められていて、出家の僧侶は正午までに食事をとるべきであって、午後の食事は受けるべきではないといわれていた。従って午前の食事を「斎《とき》」といい、午後の食事を「非時《ひじ》」（定められた時ならぬ食事の意味）と呼ばれた。

現在本山では、報恩講の晨朝日中後に大寝殿《おおしんでん》において精進料理の御膳が出され、毎席御当門が御出座される。

料理の内容は同じ献立でも、晨朝後を「斎」といい、日中後を「非時」と称している。

御斎・御非時の装束　直綴・青袈裟（飛《ひ》檐《かく》以下は直綴・墨袈裟）。

結願点心前の御斎の装束　裳附・五条袈裟。

御斎刻限　晨朝過ぎ鐘。

御非時刻限　日中過ぎ鐘。

御斎・御非時の献立

向―大根　椎茸　ひりょうす

皿―小芋　蓮根　長芋　紅葉麩

中壺―水菜　酢蓮根

汁―けんちん　大根　人参　牛蒡　揚げ豆腐　芹　白豆腐

御飯

水物―蜜柑

菓子―饅頭

御酒

薄茶

「点心《てんしん》」とは禅家でよく用いられる言葉で、正しい食事以外にするいわゆる「間食」のことである。

現在本山で点心というのは、十一月二十八日の結願《けちがん》晨朝後に出仕堂班《どうはん》に出される軽食のことで、明治から大正の頃は白蒸しの強飯《しいめし》に漬物二片と決まっていたが、近年はパンに代用されている。

4　正信偈習礼《しょうしんげしゅらい》

明治から大正の初め頃までは御正忌の前日、二十日の午後四時、定衆《じょうしゅう》、堂衆《どうしゅう》が一同堂班溜《どうはんたまり》に参集して、正信偈「句淘《くゆり》」の習礼が行われた。これは高音声明の声ならしともいうべきもので、上長よりいろいろの批判や注意がなされた。その頃、この習礼には一同、明日よりの心構えとして、剃髪して参集したものである。

昭和に入ってこの習礼は、二十一日の晨朝後に変更され、また近年は御正忌に地方在住の准堂衆が参勤を命ぜられるようになった関係から、二十一日の逮夜前に行われるようになった。

ちなみに、春秋彼岸の初《しょ》・中《ちゅう》・結《けつ》・日中に用いられる「往生《おうじょう》礼讃《らいさん》」も、大正の頃までは彼岸入りの前日に習礼が行われた。

5　御伝鈔拝読《ごでんしょうはいどく》

御伝鈔とは、宗祖親鸞聖人伝絵《でんね》の詞書《ことばがき》を指すもので、本願寺第三世宗主覚如《かくにょ》上人二十六歳の時、伏見天皇が永仁三年にその初稿を撰せられてより、四十八年後の七十四歳の晩年まで、幾度かの染筆があったが、この中、初稿本の系統に属するものに『善信聖人絵《ぜんしんしょうにんえ》』上下十四段本（初稿清書本）が西本願寺に所蔵され、『善信聖人親鸞伝絵』上下十三段本が高田専修寺《たかだせんじゅじ》に所蔵されている。そして晩年最後の「康永二載《こうえいにさい》　癸未《みずのとひつじ》　法印《ほういん》宗昭七十四染筆」の奥書のある『本願寺聖人伝絵《ほんがんじしょうにんでんね》』上下十五段本が、大谷派本山に所蔵されている。これがいわゆる「康永本」であり、再治増補の定本とされるものである。

この御伝鈔は、当本山では明治初年まで、毎年御正忌の二十五日初夜《しょや》に、覚如上人御真本の御伝鈔（重要文化財指定）を拝読していたが、傷みが多く、上巻は達如《たつにょ》上人、下巻は当時新門主の厳如《ごんにょ》上人が転写せられた。これは字句の配列から用字の書体まで、覚如上人の真本を忠実に模写されている。近年はこの両上人の模写本によって、毎年拝読することになっている。

この康永の真本が何故西本願寺になく、大谷派本山に所蔵されているのかということであるが、これについては、浄恵《じょうえ》の『故実伝来鈔《こじつでんらいしょう》』によれば、教如《きょうにょ》上人東六条に御移住の時、安静御影《あんじょうごえい》、御伝鈔四巻（覚如上人御真筆）、肩衝茶入の三点を、本願寺第一の宝物として、御輿の前に持たせられた旨、記されているので、その間の消息を窺《うかが》うことができる。

それゆえこの御伝鈔の拝読は、御正忌中の最重要な行事となっていて、山科本願寺では、明応五年の御正忌に、蓮如上人自らこの御伝鈔を拝読されたことが記されている。

御伝鈔四巻を収めた、黒塗り紋付の箱は、朱塗りの大卓に載せて、南余間、すなわち御絵伝奉懸《ほうけん》の間の壇上にかざり附け置く。これを二十五日の初夜勤行が終わって、燭持ち二人、拝読者、卓持ち二人の五人一組となって、南切戸口より練り出し、余間中央にて拝礼の後、壇上の御伝鈔を卓の上に載せ、外陣に降り、御真影前《ごしんねいまえ》を通過して本間の北で、御当門が御畳の下に南面して着座する。

御伝鈔の拝読者については上意《じょうい》、すなわち御当門の特命として、拝読の前日二十四日の日中過ぎに初めて内事《ないじ》より式務部へ通告があり、同時に総長室において宗務総長より改めて上巻何某、下巻何某、後見何某と口達される（上巻下巻ともに初めての拝読者には後見が付く。後見は一﨟《いちろう》の場合が多い）。それまでは本人は元より、誰も絶対に拝読者の名前を知ることができないので、下命されてから稽古や準備をすることができない。そのうえに、上巻も下巻も初めての拝読者は、その夜（二十四日の夜）黒書院《くろしょいん》にて後見付き添いの下、習礼《しゅらい》として御真本にて当日の通り全巻拝読する。

これには御当門が親しく襖を隔てた隣室に御出座され、声の高低読みぶり等の御指南がある。このような事情で誰に当たるか判らないので、平常から稽古と心構えが必要である。

また御絵伝は二十五日晨朝後に、内事部において参務立会いのうえ、初めて式務掛役に手渡され、その日の逮夜前に、余間壇上に荘厳《しょうごん》されるので、その間まったく拝見を許されない。そしてその夜、御伝鈔拝読後は直ちに内事部へ返納、また参務立会いのうえ、入蔵される。

このように当派にては御伝鈔の取り扱いと拝読には厳重な規制があるので、拝読者は一門の栄誉として、裳附五条袈裟《もつけごじょうけさ》の装束はじめ念珠、中啓、白服まで新調して出仕したものである。

御堂の記録によれば、初代拝読者は慶長五年、一﨟泉龍寺祐賢であり、その後多くは一﨟二﨟で、また上下二巻ともに同一人であったが、近年上巻は堂衆老分《どうしゅうろうぶん》、下巻は堂衆中座《ちゅうざ》の中よりと、二人で拝読の慣例となっている。

筆者（眞量）が在職中、御伝鈔拝読の恩命を賜ったのは五回で、その中での思い出は昭和二年の第二回目の受命で、初めて上巻を拝読した時である。この年は十一月に天皇陛下の御即位の大典が京都御所で挙行され、期日が御正忌と重なるので、本山の報恩講は、十二月一日より八日までに変更された。それで五日中日の初夜に御伝鈔を拝読したが、この頃御大典の拝観者が全国より京都に集まり、本山も未曾有の参詣者にて、大師堂の広縁まで人で埋まるほどであった。この頃はまだマイク等の設備はなく、肉声だけで満堂に徹底せねばならず、大変苦労した事を記憶している。

次は最後の第五回目の拝読で、これは昭和三十六年の宗祖七百回御遠忌の時に、一﨟として上巻を拝読した。この時も非常な群参の中で、映写ライトの熱気に蒸され、強烈な光線に目が眩み、ほとんど字句が見えず、平素の暗記で拝読した思い出がある。

6　坂東曲《ばんどうぶし》

坂東曲は現在真宗大谷派の本山のみに伝承されている特異な形式の勤行で、座ったまま上体を上下左右に力強く振って、八淘《やつゆり》の念仏和讃を称える声明をいう。

この坂東曲は毎年御正忌の結願日中《けちがんにっちゅう》、すなわち十一月二十八日の御当門の御登高座にて、式嘆徳文《しきたんどくもん》が読誦される際、伽陀《かだ》七章《ななしょう》の間の式間《しきま》念仏として依用される。

これには用いられる和讃が定められていて、六字の念仏数遍と、三帖和讃の内、

高僧和讃《こうそうわさん》の善導讃中《ぜんどうさんちゅう》の六首

「願力成就ノ報土ニハ」以下六首

ただし、「釈迦弥陀は慈悲ノ父母」一首は除く

正像末和讃《しょうぞうまつわさん》の中

「濁世ノ有情ヲアワレミテ」以下六首

である。この両和讃は「え高《こう》」「と正《しょう》」と伝えられていて甲丙戊庚壬の歳は、高僧和

讃、乙丁己辛癸の歳は、正像末和讃と毎年交互に依用される。

この坂東曲の起源由来については、古来「宗祖が関東教化の節揺れる船中における念仏の形をとったもの」あるいは「蓮如上人が吉崎を立って若狭小浜に向かわれる船中の念仏形による」等の諸説があるが、いずれも推測に過ぎない。文献資料としては、覚如上人の『改邪抄《がいじゃしょう》』に「訛《いつわ》らざる音声をもて、わざと訛れる声を学んで念仏する謂なき事」と題する一文の中に「シカルニイマ生得ニナマレル坂東ゴエヲワザトマネビテ字声ヲユガムル条、音曲ヲモテ往生ノ得否ヲサダメラレタルニニタリ」とある文により、これが坂東曲の起源ではないかという説があるが、当時「坂東ゴエの念仏」のあったことは窺えるが、覚如上人はむしろそれを排されているうえに、坂東曲の辞句も見当たらず、今のような整然たる曲節でなかったことが推測される。

蓮如上人時代には『本願寺作法之次第《ほんがんじさほうのしだい》』に「霜月朔日二日比よりは入夜て、一家衆内陣衆御堂衆、毎夜勤稽古御入候事、自前々有事候。近年は一向無沙汰候、如何候哉。廿八日の私記あいの讃念仏の稽古は、廿五六日之間に入夜有之事に候」（蓮如上人行実五四一）と記されてある。この「私記あいの讃念仏」とは式間念仏と和讃のことで、すなわち坂東曲と思われるが、ここにも坂東曲という名称は見当たらない。また同じく『本願寺作法之次第』に「京にて人の申候を聞候しは、本願寺のおほかめ念仏といふこと申候。念仏の申やうをわらひて申事ときこえ候。永正年中の事にて候と申候」（永正は実如上人の頃　行実六二七）とあり、これは坂東曲のことを申したものではないかと思われるが、ここにも坂東曲の名称は見当たらない。

坂東曲という名目の文献上明らかに見られるのは、西本願寺の侍真経谷芳隆師の著書によれば、西本願寺十二代准如上人の寛永年間の『本山年中行事』で、毎年の報恩講にこの坂東曲を唱え、また宗祖の三百五十回忌（慶長十六年）、四百回忌（万治四年）にも同じく満座の日中に坂東曲が勤められていたことが記され、また『通記』によると、西本願寺では十四代寂如上人の元禄二年の報恩講より坂東曲を廃止して、八句念仏に改められたことが記してあるということである。これによると、東西本願寺分派後、三代ほどの間は西本願寺においても坂東曲が用いられていた事が明らかであるが、その後西本願寺では坂東曲は廃止され、現在では東本願寺にのみ伝承されている。分派後の教如《きょうにょ》上人時代にもその記録があるはずなので、慶長年間の御堂の記録を調べてみれば、その名目を発見できると思われる。

宗祖の滅後、毎年の報恩講に遠く関東の同行衆がはるばる上洛して、宗祖の御影前において歓喜のあまり、いわゆる坂東曲声を張り上げて力強く念仏勤行した形式が、蓮如上人以降追々整理せられ、次第に高揚されて今日伝えられるような形態の勤行になったものであることが想像される。

坂東曲の念仏讃を称える要領は、由来からいっても節に力を込めて、要所々々のアクセントを強く称えることが大切で、普通の念仏讃のように、なだらかに称えてはこの曲の趣を失って特色をなくすので、最も留意すべきことである。

なお、普通勤行の三重念仏六首引《さんじゅうねんぶつろくしゅびき》には、初重《しょじゅう》、二重《にじゅう》、三重《さんじゅう》の重取りがあるが、坂東曲にはその別なく、また普通の三重念仏には念仏の調声《ちょうしょう》附膚《つけはだ》と讃後の附膚の「阿」に淘《ゆり》があるが、坂東曲では「阿」に淘がなく、ただ念仏調声の附膚の「南」に淘があることに注意すべきである。

※附膺は「位上曲《いじょうきょく》」（本書一六〇頁）参照。

結願日中《けちがんにっちゅう》　坂東曲次第《ばんどうぶししだい》

（前略）

御登高座

式初段

　伽　陀　若非釈迦

　坂東曲　念仏調声共六句　和讃一首

　　　　　念仏助音五句　　和讃一首

　伽　陀　何期今日

式二段

　伽　陀　世尊説法

　坂東曲　念仏調声共六句　和讃一首

　　　　　念仏助音五句　　和讃一首

　伽　陀　万行之中
式三段
　伽　陀　身心毛孔
　坂東曲　念仏調声共六句　和讃一首
　　　　　念仏助音五句　　和讃一首
下高座楽
御下高座　中入
（後略）
※依用和讃は前記の通り。

7 坂東曲習礼《ばんどうぶししゅらい》

御正忌の結願日中《けちがんにっちゅう》の前夜、すなわち二十七日の初夜《しょや》の改悔批判《がいけひはん》が終わって午後七時頃、往時は大師堂の御休息所にて、近年は堂班溜《どうはんたまり》において両御門主が御出座の下に、御連枝《ごれんし》以下、定衆《じょうしゅう》、堂衆《どうしゅう》、准堂衆《じゅんどうしゅう》、在京堂班に至るまで勤行に関与する総員が出席して、翌日の結願日中に依用される坂東曲の総習礼が行われた。

まず正面に両御門主の座と和讃卓が設けられその前、左右に御連枝以下当日内陣出仕の堂班、二十八日当日の坂東曲の巡讃《じゅんさん》を命ぜられた者を中心に内陣出仕のごとく居並び、正面に向かって堂衆、准堂衆等数列に着座して、二十八日の結願日中の通り新御門主の御調声《ちょうしょう》にて念仏和讃六首が稽古習礼される。

ちなみに坂東曲の調声は、御登高座が御当門であるので、新御門主または御連枝の首席という慣例になっている。

習礼が終わった後、式務部長を通じて御当門の御講評が伝えられ、場合によっては習礼のやり直しということもあった。

明治から大正までは御休息所の習礼の席に蛸足燭台が十数基出され、百匁蠟燭《ひゃくもんめろうそく》を点火して静粛荘厳の中で行われたものである。

またこの習礼の際、席の右側に御簾屛風《みすびょうぶ》六曲一双が設けられ、内事《ないじ》の御裏方、奥向きの方々が、この屛風の内側に出座されて習礼の光景を見られていた。

御簾屛風とは、六曲屛風の中、四面の中央部を切り抜いて御簾を垂らして内側より外の光景は見えても、外側からは内側の姿が見えないように仕組まれた特殊な屛風で、古来宮中や大名屋敷にて内儀用として常備されていたものらしい。

ちなみに当派長浜別院大通寺に所蔵されている御簾屛風は、前記のように仕立てられたもので「山休筆紙本墨画花鳥及山水図貼付六曲屛風」と称して重要文化財に指定されている。これは井伊家より直惟《なおのぶ》の息女数姫が輿入れされた時に持参された調度品と考えられ、大通寺往時の住職裏方が、本堂に参拝される際に内陣に接する室に用いられたと伝えられている。現今の奥向きの方々が参拝される際の御簾の間の前身と考えられる。

8 位上曲《いじょうきょく》

「位上曲」とは本山御正忌報恩講の時に、その初結逮夜《しょけつたいや》と結願日中《けちがんにっちゅう》の三度、御当門が讃頭《さんとう》和讃の句頭を発声される際の特殊な節譜《せっぷ》をいうもので、これは御当門の御相伝により、一般には公開許可されていない曲譜である。

これは当派にては御当門に限られていて、新御門主にはない事になっている。

位上曲の場合は、その前の念仏を六字詰《ろくじこう》として助音を静かにおさめ、幾拍子かの間をおいて緩やかに低音より御発声になり頗《すこぶ》る複雑にて荘重な曲譜で称えられるものである。そして静かに消えゆく御声の後、更に三拍子をおいて和讃の第二句の頭を堂《どう》衆《しゅう》が発声する。これを「附膚《つけはだ》」と称する。附膚は御当門の特命により堂衆一﨟《いちろう》または二﨟《にろう》と他堂衆一名が補助として加わり、二名にて互いに調子を合わせ一般の助音に先行して発声、助音を誘導するもので、なかなか難しい役割となっている。

なお、位上曲は御正忌報恩講のほか、毎年正月元旦の大師堂晨朝勤行の讃頭にも用いられる。

元日晨朝　弥陀成仏ノコノカタハ　附膚　イマニ○十劫ヲ

御正忌

初逮夜　弥陀成仏ノコノカタハ　附膚　イマニ○十劫ヲ

結願逮夜　五十六億七千万　附膚　弥勒○菩薩ハ

結願日中　三朝浄土ノ大師等　附膚　哀愍○摂受

また御遠忌等の十淘《と》十二淘《ゆりじゅうにゆり》の勤行に用いられるもので、明治四十四年の宗祖六百五十回御遠忌は旧例の通り厳修《ごんしゅう》され、四月十八日より二十八日まで十昼夜の勤行で、その初《しょ》・中《ちゅう》・結《けつ》・逮夜《たいや》、日中に六度の位上曲があった記録がある。

宗祖六百五十回御遠忌

初逮夜　弥陀成仏ノコノカタハ　附膚　イマニ○十劫ヲ

初日中　光明月日ニ勝過シテ　附膚　超日○月光ト
中逮夜　南無阿弥陀仏ヲトノフレバ　附膚　観音○勢至ハ
中日中　生死ノ苦海ホトリナシ　附膚　ヒサシク○シヅメル
結願逮夜　仏智不思議ヲ信ズレバ　附膚　正定○聚ニコソ
結願日中　三朝浄土ノ大師等　附膚　哀愍○摂受

◆結　讃

前記のような大法要の結願日中の結讃《けっさん》、すなわち「如来大悲ノ恩徳ハ」の巡讃《じゅんさん》発声は、その法要中の花形として大役である。本山では若手の御連枝《ごれんし》か、五箇寺《ごかじ》の子弟に特命される慣例であるが、該当者がない時は、反対に五箇寺の長老等に下命される事もある。そしてこれも句頭発声の前は念仏六字詰となって、前後に三拍子の間をおき「ミヲコ」の附膚があり、高音の大声を要する難しい大役で、御伝鈔の拝読とともに、法要の終わりを飾る花形となっている。

これは「如来大悲の繰り上げ」と称して、別院等にても許可されている。

七、歳末行事

1　御煤払《おすすはら》い

十二月十九日の晨朝後、御影類全部を巻納、両堂の仏具、輪灯、菊灯、鶴亀、香炉等、その他、経卓、和讃卓に至るまで取り除き後堂《ごうどう》に片付け、大師堂の祖師御厨子《おずし》に紙帳《しちょう》を吊り、前卓にも紙覆いをかける。

◈本堂御本尊御払い

本堂、御当門の御畳を南に転座、輪灯釣竿を南のみ取り除き、前卓も片付け、須弥壇正面に仮五段の雁木《がんぎ》を設置、南六祖の間中央の外陣の障子際寄りに御本尊御払い用の机を置き、御払い箱を用意する。

時刻御案内、御当門が御出仕、南御畳に御着座され御拝礼。まず一臈《いちろう》が覆面して参仕、式務部長の介添えにて須弥壇前の雁木を上り、御本尊を御台座の蓮華より抜き上げ、一臈が捧持して内陣に下り、六祖の間に設けられた机の上に西を上にして横たえ奉据。机の上にはあらかじめ木綿の綿と絹綿を重ねて敷いておく。

次いで御当門が御起座され、机の前に移られ御着座。式務部長が介添えし、定衆《じょうしゅう》が手燭を照らし、一﨟が参仕して御当門自ら棒状毛箒《けぼうき》大小二本にて御首払《みくしはら》いと羽箒《はねぼうき》にて御身払いをもって御本尊の細部まで御払いされる。

終わって御本尊の上に単の絹、その上に絹綿をかけ、更にその上に渋紙にて覆い、堂衆《どうしゅう》四名が机ごと南後門より後堂から本堂の御休憩所に奉移、金屏風にて囲い一時仮奉安する。

次に仏師が参仕し、蓮華、九重の台座を全部取り外し、後堂に移し後刻清掃して元のごとく組み立てる。終わって、御本尊を御休憩所より内陣に奉移して元のごとく宮《く》殿《でん》の御台座の上に奉安し、次いで宮殿に紙帳をかける。

「紙帳《しちょう》」とは本堂の宮殿須弥壇、大師堂の厨子須弥壇の全体を覆う和紙で作った蚊《か》帳《や》と同型の覆いで、天井があって底がない巨大な紙袋を伏せたようなもので、正面のみ巻き上げるようにできている。

宮殿や厨子を清掃した後、再び埃のかからないようにした後、内陣全体の清掃にかかる。

◆両堂煤払い

十二月二十日の晨朝、両堂の勤行は平常通り、ただし御文は拝読なし。

本堂、大師堂共に紙帳の前面正面のみ掲之、須弥壇上に左右菊灯一対を出し点火、他には灯明なし。

大師堂の南北内陣と余間の境に狭間障子《きまのしょうじ》を入れる。師走のこの頃は日照の最短時であるので、晨朝時刻は内陣外陣とも、ほの暗く巡讃《じゅんさん》などほとんど和讃の字は見えず、暗誦にて勤行することになる。

晨朝後より、内陣外陣の総清掃に取りかかる。欄間は梯子に上って煤払いし、内陣の御畳および竪畳《たてじょう》は、全部取り除いて御簾《みす》の間（御局《おつぼね》）に積み重ねる。外陣の畳は本堂およそ四百畳、大師堂およそ九百畳もあり、畳を一々上げる事ができないので、敷いたまま割り竹で叩いて埃を出す。横二列に並んで前例は叩く人、後列は直径三尺の大団扇でその埃をあおぎ出す。この光景はマスコミでよく写される場面である。

その後、板間や柱は雑巾がけし、内陣の塗板は羽箒などで拭いとる。

この両堂煤払いは、往時は諸国詰所の同行衆などの奉仕であったが、近年は愛知県丹羽郡の「清浄講《しょうじょうこう》」数十名で奉仕されている。

◆煤払い御規式

十二月二十日、両堂の清掃が終わった午前十一時頃、煤払いの「御規式《おきしき》」が両堂において行われる。これは毎年、御当門がなされる儀式である。

まず覆いをかけた両堂の前卓に昨年の古竹を右側に、今年の新竹を左側に並べて二本立て掛けて置く。この竹は、長さ約三間で先に切藁《きりわら》の箒を付けたもので、毎年滋賀県の四十九院村より上納される慣例である。

御当門は後門より「玄魚」を履いて御出仕され、正面において立礼にて御拝礼。

この時に前卓に立て掛けていた新竹を、内陣は式務部長、外陣では堂衆、番衆《ばんしゅう》が順次手送りにて外陣の柵外に引き去り、御当門は昨年の古竹を取り式務部長の介添えで、紙帳の前面を「いも」という字の形になぞり払う儀式をなされる。この「いも」とは

「寿」の字を略したものという説がある。この長い竹を内陣で振り回されるのは大変なことで、これが煤払いの規式とされている。終わって新竹と同じように外陣の柵外に撤去する。

「玄魚」とは「げげ」ともいい、藺草《いぐさ》で作った魚の形をした大形の草履のような履物で、魚の頭と尾と左右に鰭《ひれ》が付けてある。その鰭は左右十二ある珍しい履物で、年に一度、煤払いの御規式のみに依用される。この「玄魚」は蓮如上人の山科本願寺当時に既に依用されていたようである。

午後は定衆《じょうしゅう》、堂衆、番衆が総がかりで、始めに作事方により紙帳を取り除き、続いて両堂の御影類を元のごとく奉懸《ほうけん》し、仏具類、内陣の道具等を平常通りかざり付けして、御花が立替される。終わって御真影《ごしんねい》の御払いがある。

この日の昼食には一同に祝膳祝酒の振る舞いがある。

2　御試餅《ごしもち》

十二月二十六日の晨朝前に両堂本間の各尊前に御試餅が奉備された。これはそれぞれの御仏器の大きさに相応した、丸い白餅一個ずつを御仏器に盛り供えるもので、正月の御鏡餅の試みという意味と考えられる。晨朝前に各尊前に供えて、晨朝後に常の御仏飯と供え替えられる。このことは、毎月朔日《ついたち》の尊供《そんぐ》、一月十五日の粥柱《かゆばしら》と同じことである。この儀も明治期から昭和の初めまでは、御鏡餅が本山調進方の店「すや餅」で作られていたが、戦後は御鏡餅が愛知県中島郡の門徒が進納されるようになってから途絶えた。

この御試餅の儀は、日は一日ずれるが、下元《かげん》（十二月二十五日。※一説）と何か関係があるのではないかと思う。本山では、上元《じょうげん》（一月十五日）、中元《ちゅうげん》（七月十五日）の晨朝には前卓に立燭《りっしょく》されることになっているが下元には何もなく、これは下元という日の確説がないからであると思われる。

参考までに、一説には、以下のようにある。
上元　一月十五日、天官の誕生日（成人の日）
中元　七月十五日、罪悪を許す地官の誕生日（勤労青少年の日）
下元　十二月十五日、水火の災を防ぐ神の誕生日（現今何もなし）

3　歳末勤行《さいまつごんぎょう》

十二月三十一日午後四時、大師堂で勤まる勤行で、両堂の修正会の荘厳《しょうごん》一切が終わった夕刻、御当門はじめ一門の連枝《れんし》方《がた》、定衆《じょうしゅう》、堂衆《どうしゅう》、在京堂班《どうはん》等の総員の出仕にて歳末昏時《こんじ》がある。

正信偈　舌々　念仏讃―淘五三　和讃―南無阿弥陀仏ノ回向ノ　次第六首 回向―願以此功徳（回向のみ淘二）

このような正信偈、念仏和讃、回向と淘《ゆり》の不相応な勤行は一年中この歳末勤行に限られている。

大師堂の勤行が終わって、直ちに本堂にお移りになり、御当門は御局《おつぼね》にて、連枝方と定衆堂班は南北両余間にて、堂衆は外陣北寄りにて御本尊拝礼、退出（勤行なし）。

御当門のみは本堂御退出の後、後堂《ごうどう》を経て再度大師堂に御入堂され、北余間禁畳にて御拝礼される。

歳末勤行の後、御当門はじめ奥向きご一同は、東山大谷本廟へ親しく歳末の御廟参をされる。

八、特修法要

親鸞聖人御誕生八百年
立教開宗七百五十年　慶讃法要

昭和四十八年は宗祖親鸞聖人が承安三年四月一日に洛南日野の里に御誕生になって八百年、また元仁元年の五十二歳に関東稲田の草庵にて『教行信証』を御述作になり、立教開宗の基を定められてより七百五十年に相当するので、これを記念し慶讃するために、浄土真宗各派においては早くより真宗教団連合を組織し各派一斉に四月を期し盛大な法要が厳修《ごんしゅう》された。

そしてこの法要には、真宗各派共通の新しい正信偈念仏和讃の勤行を制定し、法要中の一座で真宗十派の御門主が互いに一堂に会し、法要を厳修されたのは画期的なことであり前例を見ない盛儀であった。

第一期法要　昭和四十八年四月一日より七日まで
第二期法要　昭和四十八年四月十四日より十六日まで

本堂荘厳

打敷　中尊前上卓―塩瀬地八藤抱牡丹紋縫
　　　中尊前前卓―赤櫨色塩瀬地二羽鳩雀縫
　　　中尊前水引―薄萌黄塩瀬地流水模様（名古屋別院講中寄進）

華束　須弥盛―三行

御花　松の真、色花挿交《さしまぜ》

大師堂荘厳

御歴代常の双幅御影並びに九字十字名号を巻納、御跡に御絵伝および御歴代別幅の御影を奉懸。

南余間（十字の間）御絵伝四幅奉懸。

北余間（六字の間）向かって左より右へ、如信上人、覚如上人、善如上人、綽如上人、巧如上人、存如上人、蓮如上人、実如上人、北の袖に証如上人。

南余間（九字の間）向かって右より左へ、顕如上人、教如上人、宣如上人、琢如上人、常如上人。

本間南脇（常の双幅の間）中央に現如上人、向かって右に乗如上人、向かって左に従如上人、南の袖に一如上人、北の袖に真如上人。

本間北脇（平常前住上人の間）中央に前住彰如上人、向かって右に達如上人、向かって左に厳如上人。

以上二十二幅。

打敷　御真影前前卓―檜皮色厚地塩瀬地二羽白鳳凰乱之舞縫

御真影前水引―茜紫色地塩瀬地五色瑞雲模様縫（柴田法衣店寄進）

華束　須弥盛―五行

御花　御真影前両瓶

一日〜三日　　本桜の真、色花挿交

四日〜七日　　松の軒真、色花挿交

十四日〜十六日　霧島の真、色花挿交

法要刻限

晨朝（本堂）　午前六時
第一法要（大師堂）　午前八時
第二法要（大師堂）　午前十時三十分
七日縁儀始　午前十時三十分
法要　午前十一時三十分
十六日庭儀始　午前十時三十分
法要　午後零時三十分
第三法要（大師堂）　午後一時　※七日、十六日はなし。

装束　晨朝─色直綴・五条袈裟。　法要─裳附・五条袈裟・指貫。

本堂法要次第（毎晨朝）

慶讃法要中平日

中尊前　両鶴立燭
漢音阿弥陀経―中読　外陣始経
七日、十六日（第一期、第二期の結願）
中尊前　両鶴立燭、焼香
漢音阿弥陀経―真読　内陣始経
※大師堂晨朝は第一法要に兼修、御文拝読なし。

大師堂法要次第（平日毎座）

先（楽）案内喚鐘
　外陣後座出仕
　外陣正面華籠棚　奉仕団代表献灯献華
　内陣上臈出仕
　後門より御出仕、直ちに登高座御登段
次　総礼　御三礼中

次　表白

次　下高座楽
御下高座　御復座　楽止

次　伽陀―直入弥陀

次　総礼

次　正信偈―草四句目下　同朋唱和
偈中　起立散華
念仏讃―淘五　三重念仏　附物　三首引（和讃は別記）

次　回向―願以此功徳

次　総礼

次　退出楽　両御門主御退出

次　御誕生の歌　放送合唱

次　御親教

次　恩徳讃

次　（楽）　内陣上臈退出
　　外陣後座退出

七日第二法要次第（第一期結願）

刻限　衆僧着大寝殿座　御着座
先　楽僧於楽所　発乱声
　　衆僧迎儀
次　楽僧於大寝殿正面簀子敷
　　発楽　御導師迎儀
次　縁儀　諸列大師堂入堂
先　着座楽　外陣後座出仕
　　外陣正面華籠棚　奉仕団代表献灯献華
　　内陣下臈出仕
　　両御門主御出仕　御法具随従

次　総礼
次　伽陀―稽首天人　附物
次　登高座楽　登高座御登段
次　表白
次　下高座楽　御下高座御復座
次　伽陀―直入弥陀　附物
次　総礼
次　正信偈―草四句目下　同朋唱和
偈中　起立散華
念仏讃―淘八　三重念仏　附物　三首引（和讃は別記）
次　回向―願以此功徳　附物
次　総礼
次　退出楽　両御門主御退出
次　御誕生の歌　放送合唱

次　御親教
次　恩徳讃
次　（楽）　内陣上臈退出
　外陣後座退出

十六日第二法要次第（第二期結願）

刻限　衆僧着大寝殿座　御着座
先　楽僧於楽所　発乱声
　衆僧迎儀
次　楽僧於大寝殿正面簀子敷
　発楽　御導師迎儀
次　庭儀
次　舞人楽人　出楽屋立列　吹調子
次　舞人楽人　於幄前参向　奏一曲

　　舞楽台御参進　大師堂御昇堂

先　着座楽　外陣後座出仕

　　外陣正面華籠棚　奉仕団代表献灯献華

　　内陣下臈出仕

　　両御門主御出仕　御法具随従

次　総礼

次　伽陀―稽首天人　附物

次　供華楽

　　供華　迦陵頻　胡蝶

　　於舞楽台　振鉾一節　法要舞楽供舞

次　登高座楽　登高座御登段

次　式嘆徳文　伽陀―五章

次　下高座楽　御下高座御復座

次　伽陀―直入弥陀　附物

次　総礼
次　正信偈―草四句目下　同朋唱和
　　偈中　起立散華
　　念仏讃―淘十　三重念仏　附物　三首引（和讃は別記）
次　式　回向―願以此功徳　附物
次　総礼
次　退出楽　両御門主御退出
次　御誕生の歌　放送合唱
次　御親教
次　恩徳讃
次　（楽）　内陣上臈退出
　　外陣後座退出

依用和讃

一日　第一　弥陀成仏ノコノカタハ　次第三首
第二　道光明朗超絶セリ　次第三首
第三　（音楽法要）
二日　第一　光明月日ニ勝過シテ　次第三首
第二　神力自在ナルコトハ　次第三首
第三　安楽仏土ノ依正ハ　次第三首
三日　第一　自余ノ九方ノ仏国モ　次第三首
第二　宝林宝樹微妙音　次第三首
第三　七宝ノ宝池イサギヨク　次第三首
四日　第一　無碍光仏ノヒカリニハ　次第三首
第二　諸善万行コトゴトク　次第三首
第三　十方微塵世界ノ　次第三首
五日　第一　本師龍樹菩薩ハ　次第三首
第二　生死ノ苦海ホトリナシ　次第四首

第三　如来浄華ノ聖衆ハ　次第三首

六日　第一　イツツノ不思議ヲトクナカニ　次第三首

第二　無碍光ノ利益ヨリ　次第三首

第三　安楽仏国ニイタルニハ　次第三首

七日　第一　末法五濁ノ衆生ハ　次第三首

第二　ココロハヒトツニアラネドモ　次第三首（第一期法要結願）

十四日　第一　専修ノヒトヲホムルニハ　次第三首

第二　浄土ノ大菩提心ハ　次第三首

第三　五十六億七千万　次第三首

十五日　第一　無碍光仏ノミコトニハ　次第三首

第二　如来ノ作願ヲタヅヌレバ　次第三首

第三　真実信心ウルコトハ　次第三首

十六日　第一　南無阿弥陀仏ノ回向ノ　次第三首

第二　三朝浄土ノ大師等　次第三首（第二期法要結願）

九、附録

◆本山両堂の障壁画

大谷派本願寺は、慶長七年の教如上人の復職に伴う御分派により、現在の烏丸の地域に堂宇を興し、同年八月に本堂を九月に祖堂を落成し、徳川家康公寄進による伏見桃山城の遺構である唐門二棟および鐘楼一宇をもって、一応寺域を整えられたが、その後、承応元年の宣如《せんにょ》上人による祖堂改築、寛文七年の常如上人による本堂改築を経た後、天明八年正月、文政六年十一月、安政五年六月と数度の火災により、旧構はもとより文化財というべきものはほとんど焼失した。

明治十三年十月起工、二十八年四月落慶の現在の両堂には、当時の厳如《ごんにょ》上人の深甚なる配慮の下に委嘱を受けた在洛画伯による障壁画が多数存在することは、一般にあまり知られていないが、近年美術史家の驚異の的となり注目されている。

本　堂

両余間見附襖四枚　無地金錦花鳥（羽田月洲）

御局幷飛檐蔀戸　桐鳳凰（岸竹堂）

飛檐の間腰障子四枚　草花（岸竹堂）
飛檐の間戸襖二枚　垂桜孔雀（岸竹堂）
後堂衝立　浪に岩鷲小鳥（久保田米僊）

大師堂

御厨子裏　八功徳水紺地金蓮華（幸野楳嶺）
両余間金張附　八功徳水紅白蓮華（幸野楳嶺）
後門見附　鳳凰孔雀向獅子（原在泉）
後門左右羽目板　白牡丹（原在泉）
御局上檀後堂仕切襖四枚　金雲箔安養六種之画（望月玉泉）
御局腰障子十枚　無地金雲箔錦花鳥（羽田月洲）
御局上段下段仕切襖八枚　南方・大紅梅　北方・芦雁（鈴木松年）
御局上段下段蔀戸　錦花鳥（羽田月洲）
御局下屋仕切襖八枚　無地金雲箔芦雁（内海吉堂）

御局後堂仕切戸襖四枚　無地金雲箔芦雁（内海吉堂）
後堂南方入口杉戸二枚　紅白の蓮（内海吉堂）
後堂衝立両面　牡丹唐獅子（望月玉泉）
後堂衝立　南面・桜　北面・松ニ藤（望月玉泉）
御局衝立　表面・桜　裏面・若松（望月玉泉）
御局衝立　表面・松ニ藤　裏面・草花（望月玉泉）

【著者経歴】

川島眞量（かわしま　しんりょう）

真宗大谷派亀年山法寿寺第五世六代住職、元東本願寺一﨟。

明治二十五年（一八九二）、洛西桂川島村法壽教庵（後に法寿寺に改名）住職川島秀量の長男として生まれる。

大正七年（一九一八）より東本願寺御堂衆として出仕。昭和三十六年（一九六一）に厳修された宗祖七百回御遠忌には、一﨟として迎え、法要を管掌。御伝鈔上巻を拝読する。御遠忌円成後、一﨟を引退し一﨟隠居となる。また自坊法寿寺住職も退任、自坊住職を長男浩量に譲る。

一﨟隠居後は声明作法および儀式に関する書物を執筆、また墨蹟揮毫活動に入る。全国青少年教化協議会（現・公益財団法人）主催の現代名僧墨蹟展に永年にわたり出展する。

昭和五十八年（一九八三）、九十一歳にて没。

主な編著書に、『大谷派寺院　年中諸法要行事』『真宗大谷派　声明作法入門の手引』『大谷派本願寺　傳統行事』（法藏館）。

主な校訂書に、『真宗勤行聖典』『日用在家勤行集』『昭和聲明集』（法藏館）。

その他、著書、校訂書多数。

（※昭和二十三年施行の現行戸籍法により、苗字が「川島」から「川嶋」に変更されたが、著者名は旧戸籍のまま表記されている）

讃付六字名号
（川島眞量　書）

【改訂新版編者経歴】

川嶋　正（かわしま　ただし）

昭和三十三年（一九五八）、法寿寺第六世七代住職浩量の長男として生まれる。眞量直系の孫。

昭和四十三年（一九六八）、得度。幼少より祖父眞量に声明作法を伝授される。

平成二十一年（二〇〇九）、浩量の死去に伴い法寿寺第七世八代住職を継承する。

平成二十九年（二〇一七）、京都教区会議員に就任。

改訂新版　大谷派本願寺　伝統行事
——裏話と風物詩——

二〇一八年一二月二〇日　初版第一刷発行
二〇一九年　四　月二五日　初版第二刷発行

著　者　川島眞量
編　者　川嶋　正
発行者　西村明高
発行所　株式会社　法藏館
京都市下京区正面通烏丸東入
郵便番号　六〇〇－八一五三
電話　〇七五－三四三－〇〇三〇（編集）
〇七五－三四三－五六五六（営業）

装幀者　大杉泰正（アイアールデザインスタジオ）
印刷・製本　亜細亜印刷株式会社

ISBN 978-4-8318-7922-6 C0015

大谷派寺院　年中諸法要行事　川島眞量編　四、三六〇円

真宗勤行聖典　川島眞量監修　二、五〇〇円

真宗大谷派　声明作法入門の手引　改訂新版　川島眞量編　三八一円

真宗の学び方　櫻部　建著　八〇〇円

真宗民俗史論　蒲池勢至著　八、〇〇〇円

真宗門徒はどこへ行くのか　崩壊する伝承と葬儀　蒲池勢至著　一、八〇〇円

法藏館　価格税別